D1698602

laténium

parc et musée d'archéologie
de Neuchâtel

espace Paul Vouga
CH-2068 Hauterive
tél: 032 889 69 17
fax: 032 889 62 86
e-mail: service.museearcheologie@ne.ch
site internet: www.latenium.ch

ouvert tous les jours sauf le lundi
de 10h à 17h

Paris

exposition du 9 mai au 31 décembre 2003

Couverture: monnaie des Parisii (statère en or, revers)
Dos: avers du même statère

    © éditions du Laténium, 2068 Hauterive (Suisse), 2003

Comité d'honneur

Thierry Béguin

conseiller d'Etat, chef du Département de l'instruction publique et des affaires culturelles de la République et Canton de Neuchâtel

Pascal Couchepin

président de la Confédération suisse, chef du Département fédéral de l'intérieur

René Felber

ancien conseiller fédéral, président de la Fondation La Tène

Jean-Marc Léri

directeur et conservateur général du Musée Carnavalet, Paris

François Nordmann

ambassadeur de Suisse à Paris

Jacques Rummelhardt

ambassadeur de France en Suisse.

Exposition conçue et réalisée par le Laténium, parc et musée d'archéologie de Neuchâtel

Réalisation de l'exposition

Commissaires
Michel Egloff, Denis Ramseyer

Conception
Denis Ramseyer

Conseillers scientifiques
Philippe Velay, avec la collaboration d'Yves Lanchon et Hervé Miéville

Collaborateurs techniques
Beat Hug, Pierre-Yves Muriset, Corinne Ramseyer, Jacques Roethlisberger

Eclairage
Laurent Junod

Soclage
Arno Poroli

Film
Manuel Adam (TVP SA, Cortaillod)

Réalisation du catalogue

Textes
Béat Arnold, Thierry Béguin, Christian Binet, Michel Egloff, Yves Lanchon, Hervé Miéville, Denis Ramseyer, Philippe Velay

Graphisme et photos d'objets
Jacques Roethlisberger

Crédit photographique
Couverture et dos: Françoise Rivière
p.8: Spot Image pour les Editions Belin
p.13: Musée Carnavalet, archives
p.30: François Roulet
p.37, 38, 48: Carlos Valero
p.53a: Marc Juillard
p.53b: Eric Gentil

Le Laténium remercie pour leur aide
Laure Luginbühl, Anna-Chiara Sais, Virginie Weinmann, étudiantes à l'institut de Préhistoire de l'Université de Neuchâtel ; Valérie Huguenin et Martine Polier (secrétariat).

Sommaire

Quand Lutèce rencontre La Tène…	9
Des bifaces aux premières églises	11
Les origines de l'archéologie à Paris	15
Aux origines de Paris : scénario de l'exposition	19
Le site néolithique de Bercy	29
Petite histoire d'un chantier : la fouille de Bercy	39
Vie quotidienne au bord de la Seine ou sur les rives du lac de Neuchâtel, il y a 6000 ans	43
Les pirogues néolithiques de Bercy	49
Les Parisii	55
Fluctuat et vivit : Paris à l'époque romaine	61
Clovis à Paris	73
Bibliographie	78
Catalogue des objets présentés	80
Résumés français, allemand, italien, anglais et néerlandais	95
Repères chronologiques et culturels (Paris et environs)	100

Quand Lutèce rencontre La Tène...

Topographie et situation géographique: tels sont les deux éléments qui prédestinent un site à accueillir une communauté humaine ou une ville. Paris ne fait pas exception à la règle; son histoire débute sur une île, réduit défensif naturel et point de passage obligé à travers un fleuve qui sépare la Gaule en deux.

Les échanges entre les deux rives de la Seine étaient importants pendant la préhistoire, déjà. Mais cette situation, favorable au commerce, a aussi valu aux Parisiens bien des péripéties. Faut-il rappeler, pour souligner l'importance stratégique de ce lieu, que les Gaulois, ralliés à Vercingétorix, n'ont pas hésité à brûler leur cité et leurs ponts à l'approche de Labienus, le lieutenant de Jules César ? Et, du Bas-Empire au 11e siècle, les années de prospérité et de rayonnement sont entrecoupées d'invasions, de tragédies et de disettes.

Telle est l'histoire que raconte " Aux origines de Paris " avec quelque 160 pièces archéologiques, du Paléolithique au Haut Moyen Age, découvertes en ville de Paris ou dans sa proche banlieue. Un nombre important de ces objets est dévoilé au public pour la première fois. C'est une chance unique ! Nous la devons au Musée Carnavalet et à tous ceux qui ont contribué à la réalisation de cette exposition. Nous leur exprimons ici notre gratitude.

Oui, chaque visiteur est invité à une belle rencontre, celle de Lutèce et de La Tène, dans cet espace de connaissance et d'ouverture qu'est le Laténium.

Thierry Béguin

conseiller d'Etat
chef du Département de
l'instruction publique
et des affaires culturelles
de la République
et Canton de Neuchâtel

Paris vu du ciel (photo prise de satellite)

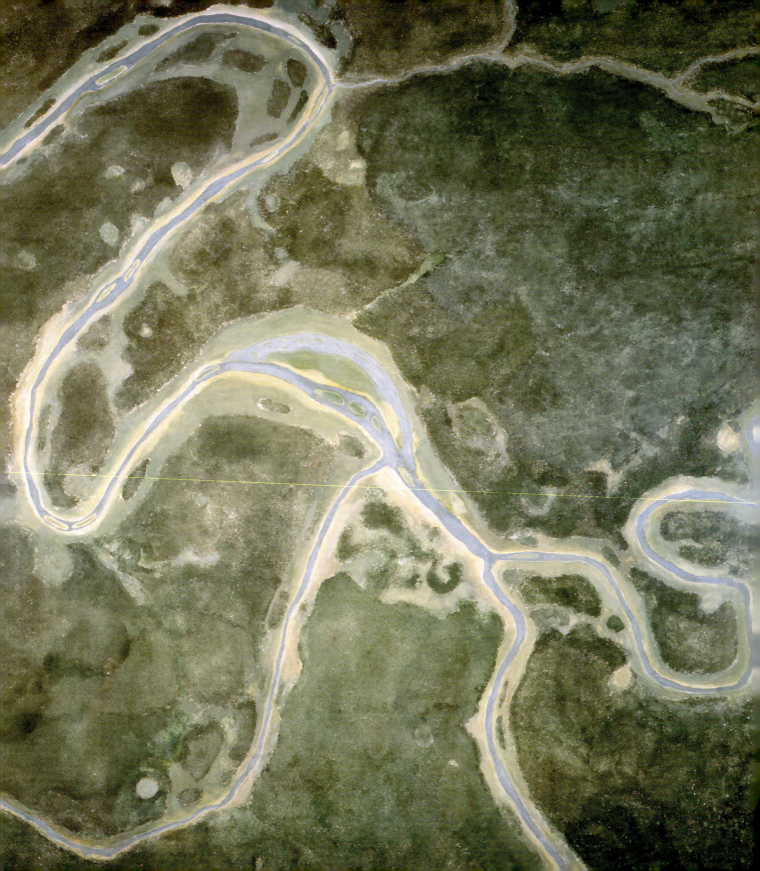

Des bifaces aux premières églises

Neuchâtel, faubourg de Paris ? Bien avant que n'existât le TGV, la gare de Lyon appartenait déjà aux destinations favorites des Neuchâtelois. De la station ferroviaire, quelques pas mènent aux " arènes " de Lutèce, amphithéâtre gallo-romain, ou aux thermes situés sous le Musée de Cluny.

Des liens culturels profonds lient nos communautés ; la publication à Neuchâtel, aux éditions de La Baconnière, d'ouvrages français durant l'occupation n'est-elle pas symbolique de la confiance partagée ? Née en Bourgogne, la Seine constitue la voie privilégiée le long de laquelle furent très anciennement acheminés matières premières et produits manufacturés, mais également idées et opinions, les frontières de la pensée étant moins contraignantes que celles de la politique.

Autre témoignage, bien oublié : l'ingénieur neuchâtelois Guillaume Ritter publiait en 1888 un fabuleux " Projet d'alimentation de Paris et des localités environnantes au moyen d'une dérivation des eaux du Lac de Neuchâtel " ; le précieux liquide aurait coulé par un tunnel de 37 km creusé sous la chaîne jurassienne (*Bulletin de la Société neuchâteloise des Sciences naturelles,* 16, 1888, pp. 155-166).

Le projet de remonter aux racines de ces relations nous fut proposé par Philippe Velay, conservateur en chef du Patrimoine de la Ville de Paris et chargé des collections archéologiques au Musée Carnavalet, au sein du Marais : " Le Laténium offrant désormais place à des expositions temporaires, pourquoi ne pas y présenter des documents historiques et préhistoriques resserrant nos liens ? ". La suggestion fut d'autant mieux accueillie que venaient d'apparaître en 1990 à Bercy, plusieurs mètres sous le niveau du sol actuel, des vestiges surprenants : pirogues monoxyles, pilotis dont l'aspect, de prime abord, évoquait irrésistiblement les sites " lacustres " néolithiques du pied sud du Jura. Intact depuis six millénaires, un arc en bois d'if, rarissime témoignage cynégétique et artisanal, fut confié par Jacques Chirac, maire de Paris, au laboratoire du Musée cantonal d'archéologie de Neuchâtel en vue d'assurer sa conservation.

Comparer palafittes parisiens et neuchâtelois, pourquoi pas ? Le visiteur de l'exposition " Aux origines de Paris " aura l'occasion de constater que de telles analogies s'étendent à l'âge du Bronze, à l'époque celtique, au Gallo-romain de la montagne Sainte-Geneviève, aux Mérovingiens. Que de points communs ! mais aussi, que de subtiles différences à 385 km de distance ! L'archéologie étant fondée sur la comparaison, l'occasion s'offre de souligner emprunts culturels, transports à longue distance, analogies dues à des origines communes, convergences techniques.

Quelques point forts de l'exposition : splendides bifaces acheuléens provenant des ballastières, vieux de 400'000 ans, voire davantage ; éclats tranchants détachés des rognons de silex de Levallois-Perret et environs, baptisés comme il se doit *levalloisiens,* résultant d'une vingtaine de gestes techniques successifs ; finesse des pots néolithiques aux fonds

Paris, la Seine et son environnement au Néolithique
(Musée Carnavalet)

ronds, de l'époque de Cerny - vers 4'600 avant notre ère - et du Chasséen, vers 4'200, ces derniers accompagnant des vases-supports quadrangulaires incisés et des statuettes féminines ; statère d'or des Parisii, l'une des plus " modernes " interprétations gauloises du monnayage de Philippe II de Macédoine ; émouvant visage, fragment d'une peinture gallo-romaine de Lutèce découverte à la rue de l'Abbé-de-l'Epée, dans le 5e arrondissement ; cercueils en plâtre du Haut Moyen Age, productions locales d'une grande originalité, mais aussi l'orfèvrerie damasquinée qui les accompagnait, si semblable à celle du Plateau suisse.

Clovis vient d'être baptisé. Des documents écrits commencent à compléter les documents muets issus du sol. *Fluctuat nec mergitur* succède aux pirogues de Bercy. Sous les pavés, la préhistoire ! De carrefour en square, l'histoire du vieux Paris ressuscite peu à peu, grâce aux hasards de la construction ou aux fouilles programmées.

Michel Egloff

directeur du Laténium

Fouille de sarcophages mérovingiens en 1898, rue des Prêtres-Saint-Germain-l'Auxerrois (1er arrondissement)

Les origines de l'archéologie à Paris

Si les grandes pages archéologiques commencèrent d'être accumulées dans la capitale entre 1850 et 1890 environ, il ne faut pas oublier les étonnantes découvertes de Grivaud de la Vincelle dans les jardins du Luxembourg, ce avant 1810 : cette zone, encore bien conservée aujourd'hui grâce à l'espace vert, a déjà livré tant de vestiges gallo-romains de toutes sortes qu'on peut la considérer comme un important quartier d'habitation occidental de la cité antique. Bronzes, céramiques sigillées, fragments de mosaïques, tabletterie, monnaies, un ensemble précieux qui, malheureusement, ne semble jamais avoir rejoint les collections publiques au 19e siècle.

Mais c'est dans le contexte des grands travaux d'urbanisme, essentiellement sous Napoléon III, que les premiers grands jalons archéologiques furent posés, grâce à un homme d'exception, Théodore Vacquer : pendant près d'un demi-siècle, il fut présent sur la plupart des chantiers qui éventraient les quartiers de Paris, que ce soit dans l'île de la Cité, sur toute la rive gauche mais aussi au nord du fleuve et jusqu'à la butte de Montmartre. Il fut de tous les combats, notant tout et dessinant souvent des détails avec une grande précision, léguant ainsi, sans avoir eu le temps de publier, un fonds de 10'000 pages manuscrites. Ce fut Vacquer qui découvrit, dans l'île, le plan d'une basilique bien antérieure à Notre-Dame; c'est lui aussi qui mit au jour, dans le faubourg Saint-Jacques, aux Gobelins et à Saint-Germain des Prés, les trois nécropoles les plus spectaculaires de la ville gallo-romaine, puis mérovingienne. C'est lui enfin, en tant que conservateur au musée Carnavalet, qui ouvrit au public les premières salles d'archéologie en 1880.

Les travaux continuèrent durant le 20e siècle grâce aux activités de la Commission du Vieux Paris et de son Service archéologique. Dans l'environnement complexe des travaux du Grand Louvre, ce sont les fouilles du Carrousel, menées par le Service régional d'Archéologie, qui ont repéré, pour la première fois en plein Paris, une zone agricole et une carrière de limon datées de la période gallo-romaine. Petit à petit, le schéma urbain de Lutèce prenait forme, un peu comme des lignes en tirets dont les espaces seraient progressivement comblés. Les éléments topographiques ont gagné en précision - mais les plans laissés par Vacquer ne comportent que très peu d'erreurs d'appréciation ! - tandis que les pointages cartographiques du mobilier (céramiques, bronzes, verreries) nous permettent aujourd'hui de mieux cerner les limites probables de l'habitat sur la rive gauche. C'est ainsi, par exemple, que l'inflexion du *cardo maximus* (rue Saint-Jacques) se retrouve doublée sur le *cardo* secondaire (rue Henri-Barbusse); que le théâtre-amphithéâtre semble bien être situé légèrement à l'extérieur de l'agglomération proprement dite; que des fouilles successives dans une même zone ont permis de restituer une importante *insula,* bordée du *cardo* et de voies secondaires; que la mise au jour de différentes peintures murales nous donne une idée du décor intérieur de certaines maisons de qualité aux 2e et 3e siècles; que la date de construction du rempart de l'île (premières années du 4e siècle) est maintenant connue par l'analyse

Poignée de bassin en bronze, ornée de deux lions dévorant une antilope, découverte en 1864 à la rue Domat (5e arrondissement) (largeur : 17cm)

dendrochronologique; que le centre de cette même île a livré un quartier d'habitation complet, en place au moins depuis le 3e siècle (rue de Lutèce); que l'étude stratigraphique de certaines zones peu habitées en bordure du fleuve a démontré la présence importante d'aires marécageuses et que la rive droite est mieux connue, à proximité du *cardo* (rue Saint-Martin), ou grâce à la découverte d'un premier atelier d'amphores daté du 3e siècle (rue des Lombards).

Philippe Velay

conservateur en chef du Patrimoine de la Ville de Paris chargé des collections archéologiques au Musée Carnavalet

Localisation des sites archéologiques mentionnés dans l'exposition

1. Abbé-de-l'Epée; 12, rue de l' [5e arr., Paris]
2. Asnières-sur-Seine [dpt. 92, Hauts-de-Seine]
3. Bercy [12e arr., Paris]
4. Bercy; lit de la Seine [12e arr., Paris]
5. Boulogne-Billancourt [dpt. 92, Hauts-de-Seine]
6. Calandre; ancienne rue de la (rue de Lutèce) [4e arr., Paris]
7. Carmes; rue des [5e arr., Paris]
8. Caserne de la Cité [4e arr., Paris]
9. Charenton-le-Pont [dpt. 94, Val-de-Marne]
10. Chelles; Sablières de [dpt. 77, Seine-et-Marne]
11. Clichy; Sablières de [dpt. 92, Hauts-de-Seine]
12. Créteil [dpt. 94, Val-de-Marne]
13. Cujas; rue [5e arr., Paris]
14. Dante; rue [5e arr., Paris]
15. Domat; rue [5e arr., Paris]
16. Fossés-Saint-Jacques; 20, rue des [5e arr., Paris]
17. Fouarre; rue du [5e arr., Paris]
18. Gare des Invalides [7e arr., Paris]
19. Grenelle; Sablières de [15e arr., Paris]
20. Hôtel-Dieu (Ile de la Cité) [4e arr., Paris]
21. Le Bourget [dpt. 93, Seine-Saint-Denis]
22. Levallois-Perret; Sablières de [dpt. 92, Hauts-de-Seine]
23. Neuilly-sur-Marne [dpt. 93, Seine-Saint-Denis]
24. Neuilly-sur-Seine [dpt. 92, Hauts-de-Seine]
25. Nicole; Impasse (rue Pierre-Nicole) [5e arr., Paris]
26. Notre-Dame; parvis (Ile de la Cité) [4e arr., Paris]
27. Panthéon; angle de la rue d'Ulm et place du [5e arr., Paris]
28. Pierre-Sarrazin; rue [6e arr., Paris]
29. Piscop (près Montmorency) [dpt. 95, Val d'Oise]
30. Pont Saint-Michel (Ile de la Cité) [5e arr., Paris]
31. Port Saint-Bernard [5e arr., Paris]
32. Port-Royal; 125, boulevard de [5e arr., Paris]
33. Sainte-Geneviève; rue Clovis [5e arr., Paris]
34. Saint-Germain-des-Prés [6e arr., Paris]
35. Saint-Germain-des-Prés; cimetière [6e arr., Paris]
36. Saint-Ouen [dpt. 93, Seine-Saint-Denis]
37. Tribunal de Commerce [4e arr., Paris]
38. Valette; 2, rue [5e arr., Paris]
39. Villeneuve-le-Roi [dpt. 94, Val-de-Marne]

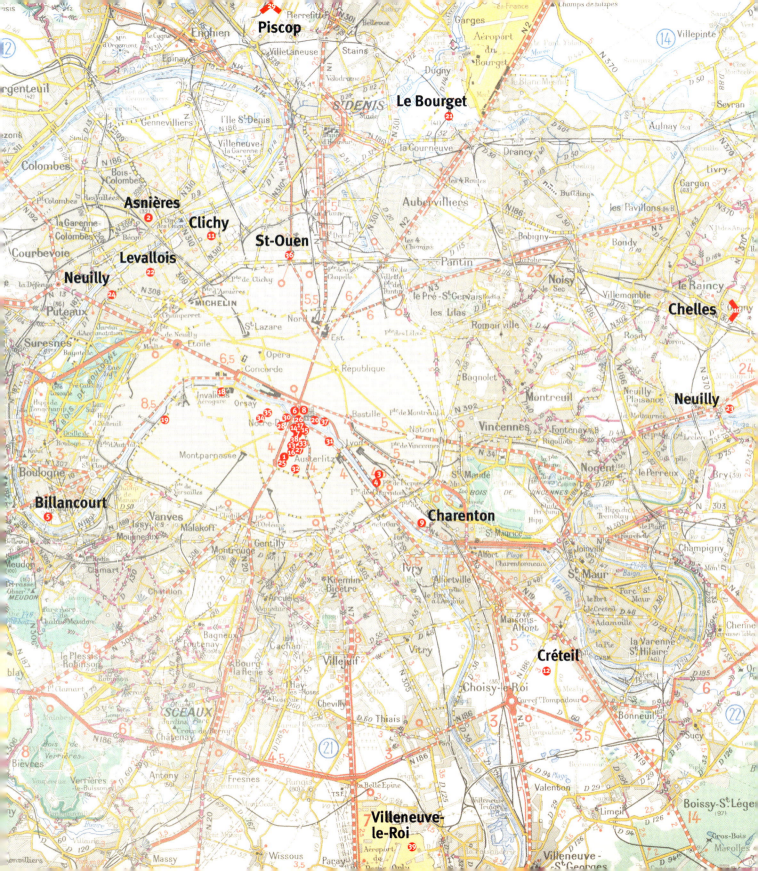

Aux origines de Paris : scénario de l'exposition

" Aux origines, il y avait Lutèce, ville construite par les Romains ". C'est à peu près en ces termes que les guides de voyages et brochures touristiques introduisent l'histoire de Paris. N'y avait-il vraiment rien avant la *Lutetia* mentionnée par les premiers textes des auteurs anciens ?

Le visiteur curieux de connaître le passé de la ville ignore le plus souvent que les sablières de Grenelle ont livré des bifaces acheuléens de 400'000 ans ou plus; que le site de Levallois-Perret, inscrit sur tous les plans de la capitale, a non seulement livré des outils en silex de près de 100'000 ans, mais a également donné son nom à la technique dite " levalloisienne ", terme que l'on trouve dans tous les manuels de préhistoire; et que l'homme de Néandertal a foulé le sol de Paris durant des millénaires.

Bien que des dizaines de milliers de spectateurs se pressent chaque année dans le Palais Omnisports de Bercy, aucun guide ne précise qu'à deux pas de là, les archéologues ont retrouvé les plus anciennes maisons de Paris, érigées il y a près de 6'000 ans, ainsi que l'un des plus importants ensembles de pirogues préhistoriques connus en Europe.

Notre exposition se propose précisément de rappeler que le territoire occupé aujourd'hui par la Tour Eiffel, les places de la Concorde ou de l'Etoile, Notre-Dame et les grandes avenues de la capitale était parcouru par les chasseurs paléolithiques et que les premiers agriculteurs néolithiques, puis les Celtes, avaient déjà bâti un village à l'emplacement des entrepôts de vins de Bercy. Peu à peu, au fil des années, au fil des découvertes, un passé inattendu est apparu, tout d'abord sous la pioche des ouvriers du 19e siècle; puis, plus tard, à la fin du 20e siècle, sous le godet des pelles mécaniques. Si des vestiges romains et médiévaux avaient déjà été partiellement dégagés dès les années 1850, il faut préciser que pour les périodes pré- et protohistoriques, jusque dans les années 1980, seules des découvertes isolées étaient connues, au hasard des travaux de voirie et des dragages de la Seine.

A partir de 1984, avec les fouilles du Grand Louvre, puis, dès 1986, avec les interventions archéologiques sur l'Ile de la Cité, sur la montagne Sainte-Geneviève, aux Jardins du Carrousel, puis à Bercy dès 1990, le patrimoine archéologique de la ville s'est considérablement enrichi. Fouilles extensives documentées par des archéologues professionnels, relevés de séquences stratigraphiques jusqu'alors insoupçonnées dévoilent un passé bien plus important que ce que laissent penser nombre d'ouvrages consacrés à l'histoire de Paris. A l'automne 2002, alors que débutaient les travaux de construction du futur Musée des Arts premiers au Quai Branly, les archéologues découvraient un nouveau site gallo-romain avec, notamment, la mise au jour d'une pirogue monoxyle. La même année, une des plus importantes nécropoles celtiques jamais découvertes en Europe fut mise au jour à Bobigny, dans la banlieue parisienne. Une fois de plus, on peut se rendre compte que des restes d'habitats, des cimetières et des zones artisanales plusieurs fois millénaires, protégés sous plusieurs

Biface acheuléen (longueur 16cm), racloir et nucléi levalloisiens (Paléolithique ancien/moyen)

mètres de sédiments, demeurent préservés sous les bâtiments modernes. Pour les vestiges situés le long et à proximité de la Seine, l'importante couche de limon qui les recouvre et l'humidité constante de la nappe phréatique ont permis une excellente conservation.

L'eau est l'un des fils conducteurs de l'exposition. Depuis plus de 6'000 ans, la Seine a été un élément moteur des activités économiques de la ville : pêche et déplacement en pirogue dès le Mésolithique; sédentarisation le long du fleuve dès le Néolithique, au carrefour de lieux de communication; centre économique de premier plan à l'époque romaine, comme le montre si bien la scène des marchands sur le bas-relief en calcaire, commerce qui n'a cessé de se développer tout au long de l'histoire jusqu'à l'époque actuelle… Ce lien entre l'eau et l'homme n'est pas sans rappeler celui qui unit le lac de Neuchâtel à sa population, de la préhistoire à nos jours.

De Homo erectus à Clovis

Remontons le cours de l'histoire et suivons le parcours de l'exposition.

Entre 500'000 et 12'000 ans avant le temps présent, la ville a connu une alternance de périodes glaciaires ou plus clémentes. Durant les épisodes froids, le paysage est caractérisé par des steppes à graminées et des plaines balayées par les vents : on a ainsi découvert des ossements de lemmings au Boulevard Saint-Martin, des restes de mammouths à la Place de l'Opéra et au Boulevard Sébastopol, du rhinocéros près de l'Hôtel de Ville et à Saint-Germain-des-Prés, du bison au Boulevard Raspail et aux stations de métro Goncourt et Clamart. Mais Paris a connu également des épisodes chauds, avec des paysages couverts de forêts verdoyantes, où des hippopotames parcouraient les marais de Montreuil et de Grenelle.

Les plus anciennes traces d'occupation humaine sont celles laissées par *Homo erectus* : il nous a laissé quelques bifaces dits *acheuléens,* outils à tout faire de l'époque.

Un peu plus tard, vers -100'000, le même territoire est occupé par l'homme de Néandertal qui a abandonné un grand nombre d'éclats dits *levallois,* de pointes, de racloirs. Faute de vestiges en contexte stratigraphique, il est souvent difficile de savoir si cet outillage en silex, en grès ou en quartzite appartient à la fin du Paléolithique ancien ou au Paléolithique moyen, ce dernier étant caractérisé par la culture *moustérienne*. Les types et les formes de tous ces artefacts permettent toutefois d'établir une chronologie relative.

Pour la longue période qui s'étend de -400'000 à -40'000, on ne connaît que des objets isolés, découverts principalement dans les sablières proches de la capitale, mais on en a trouvé à l'intérieur même de la ville de Paris, à Montmartre, rue Miollis, place du Havre et place d'Italie.

Des campements de chasseurs semblables à ceux de Neuchâtel-Monruz ou d'Hauterive-Champréveyres ont été fouillés il y a quelques années à Etiolles, près d'Evry, à une trentaine de km de Paris, et ailleurs encore dans le bassin parisien (Pincevent, Marsangy); mais à l'heure actuelle, on ne connaît rien du passage de l'homme de Cro-Magnon -entre -40'000 et -10'000 ans- au cœur de la capitale. Des vestiges de ce type existent probablement sous les bâtiments modernes de la ville, mais il est difficile de les localiser.

Il y a 12'000 ans environ (époque azilienne), un climat plus doux s'installe dans toute l'Europe et la forêt remplace la toundra. Les Mésolithiques (8'000 à 5'000 avant notre ère) chassent le cerf et le sanglier, pêchent le long de la Seine, cueillent des baies. C'est au nord de Paris, dans la forêt de Montmorency, près de Piscop, qu'on a trouvé le plus grand nombre de microlithes, pièces en silex minuscules utilisées principalement comme armatures de flèches. Mais on y a également trouvé des pics en grès, longues pièces grossièrement taillées atteignant une quinzaine de cm, extraites des carrières locales et taillées sur place.

Les premiers agriculteurs néolithiques occupent le bassin parisien dès le début du 5e millénaire avant notre ère. Venues des plaines d'Europe centrale, ces populations dites *danubiennes* se sont implantées dans les vallées de la Seine, de l'Yonne, de l'Aisne, le long des fleuves et des rivières. Sédentaires, elles construisent des maisons en torchis et en bois, fabriquent de la céramique, polissent des haches en silex, domestiquent des animaux, cultivent des céréales. A partir de -4'300, on observe une poussée démographique dans la région parisienne et une sédentarisation de plus en plus marquée. On a retrouvé des vestiges de cette fin du 5e millénaire (période dite *rubanée*, culture de *Cerny*) lors des fouilles des Jardins du Carrousel dans les années 1980, et à Bercy dans les années 1990.

De nombreuses découvertes isolées effectuées lors de dragages de la Seine, en particulier entre les ponts de Bercy et du Châtelet (en 1913) ou à la porte de Vitry (en 1934) remontent à la première moitié du 4e millénaire (culture *chasséenne*). Cette période est également la mieux représentée du site de Bercy. Vers -3000 se développe la civilisation dite *Seine-Oise-Marne,* dont de nombreux vestiges sont signalés dans la banlieue parisienne, tout comme à Bercy . Une dalle soutenue par deux blocs dressés, dégagée rue de la Pierre-Levée en 1782 déjà, dans le quartier de la Folie-Méricourt, ainsi qu'une autre découverte de ce type signalée plus tard dans le 14e arrondissement, sont attribuées à cette période du Néolithique. On a mis au jour d'autres monuments mégalithiques en plein cœur de Paris : non loin du Châtelet, derrière l'Hôtel de Ville, près de l'Eglise Saint-Merri et rue Saint-Dominique. Mais ces vestiges découverts avant que l'archéologie ne devienne une science n'ont malheureusement pas fait l'objet de relevés méthodiques ni de fouilles bien documentées.

Au 3e millénaire, autrement dit à la fin du Néolithique, les grandes lames de silex du Grand-Pressigny (Indre-et-Loire) parviennent jusqu'à Paris et... jusqu'à Neuchâtel ! C'est également de cette période que datent les haches perforées en roche verte (haches bipennes) et le début de la métallurgie du cuivre.

*Lames de haches et d'herminettes en silex et en roche verte
(longueur de la plus petite : 5cm ; Néolithique)*

Pour toute la période néolithique, arc et pointes de projectiles, outillage en pierre et en bois de cerf, vaisselle en céramique évoquent la vie quotidienne et rappellent étrangement les découvertes faites à Hauterive, à l'emplacement même du Laténium et, plus largement, dans la région de Neuchâtel. Une maquette représente un village au bord de la Seine, dans son environnement naturel, à l'emplacement de Bercy.

Plus tard, haches et pointes de lances en bronze et en fer, découverts lors de dragages de la Seine, identiques à celles trouvées à Hauterive, Cortaillod, Auvernier ou La Tène, montrent à l'évidence que nos ancêtres partageaient le même savoir-faire, la même culture. Le statère en or des Parisii dévoile un magnifique visage stylisé, d'une grande finesse, dans la plus pure tradition laténienne. Mais la protohistoire reste encore peu connue à l'intérieur même de la ville de Paris.

Ce n'est qu'au 1er siècle avant notre ère qu'on entre dans une phase de l'histoire mieux documentée, grâce aux textes laissés par les historiens de l'Antiquité.

Jules César nous a laissé un texte d'une valeur inestimable, où il évoque la bataille livrée à Lutèce par ses soldats contre les Gaulois (tribu des Parisii), événement historique peut-être situé sur l'Ile de la Cité. Le site de

Epingle (longueur : 11cm) et hache en bronze (âge du Bronze)

Paris a été doté par la nature de conditions particulièrement favorables : les berges du fleuve, où la pierre et le bois ne manquaient pas, mais aussi les îlots et les îles qui se sont formés au milieu du cours d'eau. L'Ile de la Cité constitue à la fois un site idéal permettant d'ériger un système défensif, mais aussi un point de passage reliant les rives gauche et droite de la Seine.

De l'époque romaine, trois visages nous rapprochent considérablement de nos ancêtres : l'un représente un notable barbu (et non Marc-Aurèle comme certains auteurs l'ont défini) ; un autre montre un jeune homme (fragment de peinture murale) ; un autre, enfin, dévoile les traits particulièrement émouvants du visage d'un nourrisson. Ce masque mortuaire provient du cimetière sud de Lutèce, rue Pierre-Nicole, fouillé au 19e siècle. Du mortier frais a été appliqué sur le visage d'un enfant peu après son décès pour en conserver l'image. Le moule avait été déposé dans la tombe, à côté de la tête. Un positif en plâtre a été réalisé sur le moule original peu après la découverte.

Une maquette de l'amphithéâtre, monument partiellement conservé que l'on peut voir aujourd'hui encore, évoque les loisirs des Romains à l'époque de la splendeur de Lutèce.

Un bas-relief en calcaire présente une scène de négoce au bord de la Seine, un autre un trophée d'armes. On n'hésitait pas à transporter du marbre des Pyrénées jusqu'à Lutèce, comme le montrent le fût et la base de colonne qui ont servi à la construction d'un monument important.

Dans la partie réservée à l'époque romaine, on découvre également des divinités en bronze, des flacons de verre, des épingles et un peigne en os, un chenet en terre cuite provenant du parvis Notre-Dame.

Le parcours se termine par le thème de la mort au Haut Moyen Age : plaques-boucles de ceintures en fer damasquiné, garnies de fils de bronze ou couvertes de feuilles d'or, fibules et autres parures mérovingiennes déposées sur le corps des défunts.

Denis Ramseyer

conservateur adjoint
du Laténium

Statuettes en bronze (époque romaine)
(hauteur de la plus grande : 15,5cm)

Fragment de peinture murale (époque romaine, 2ᵉ ou 3ᵉ siècle),
avec visage d'un jeune homme (héros, dieu ?).
Fouille : rue de l'Abbé-de-l'Epée, 1986
(largeur : 16cm)

*Masque mortuaire d'enfant (3ᵉ siècle).
Fouille : rue Pierre-Nicole, vers 1870
(hauteur : 10,5cm)*

*Tête d'homme barbu en marbre
(époque romaine, fin du 2ᵉ siècle).
Fouille : rue Pierre-Sarrazin, près des thermes de Cluny, 1896
(hauteur : 23cm)*

Le site néolithique de Bercy

Une grande partie des vestiges archéologiques parisiens les plus anciens a sans doute été détruite ou remaniée par les développements successifs de la ville. Mais les traces de ces occupations existent toujours, et certaines ont été spectaculairement mises en évidence ces dernières années, dans le cadre de fouilles archéologiques préventives.

On sait depuis le 19e siècle que le centre de l'Ile-de-France, fréquenté par les chasseurs-cueilleurs du Paléolithique puis du Mésolithique pendant des millénaires, avait fixé des villages remontant aux premiers agriculteurs dès le début du 5e millénaire, par exemple à Choisy-le-Roi, Villejuif, Cormeilles-en-Parisiis. Plus récemment, des découvertes similaires ont été réalisées à Rungis, Nanterre....Et dans Paris *intra muros* : au Louvre (cour du Carrousel), où quelques fosses datées de la fin de la culture de *Villeneuve-Saint-Germain* (vers 4'900 av. J.-C) ont été identifiées.

Mais le site néolithique le plus spectaculaire a été découvert en 1990 au cours de très importants travaux de restructuration du quartier de Bercy, sur la rive droite de la Seine, à l'emplacement des anciens entrepôts vinicoles. Les fouilles préventives de 1990-1991 (sous la direction de Philippe Marquis), 1992-93 et 1996 (sous la direction de Yves Lanchon) ont révélé des occupations installées au bord d'un ancien chenal de la Seine, qui se sont succédé pendant tout le Néolithique moyen (entre 4'600 et 3'600 av. J.-C.), puis au Néolithique récent (vers 3'500-3'000 av. J.-C) et, enfin, au début de l'âge du Fer (vers 500 av. J.-C.).

Les vestiges d'un village néolithique

Plusieurs niveaux d'habitat du Néolithique moyen II (4'200-3'600 av. J.-C. environ) ont été fossilisés sous les limons de débordement de la Seine, à environ trois mètres sous le niveau du sol actuel, de sorte qu'on a pu observer -sur une surface très restreinte- une stratigraphie de près d'un mètre d'épaisseur, représentant environ un demi-millénaire d'occupations. Dans la couche la plus récente, une sépulture double d'enfants, inhumés simultanément et se faisant face, a été dégagée. En relation avec la couche la plus ancienne, on a identifié les traces partielles de trois bâtiments de 4 m x 8 m (des maisons d'habitation, probablement), de nombreux foyers, ainsi qu' une palissade que les archéologues ont pu suivre sur 53 mètres de long (et qui sépare l'espace habité de la rivière). Une interruption de cette palissade ménageait un accès au fleuve : on a observé à cet endroit une forte concentration de mobilier archéologique rejeté dans le chenal, et un "ponton" constitué de quatre forts pieux épointés en chêne enfoncés dans l'argile; à proximité immédiate gisait la pirogue la mieux conservée du site. Amarrée mais hors d'usage et abandonnée sur la rive, elle s'était progressivement envasée sur place. Un second ponton a été identifié une centaine de mètres en aval. Sur la berge, les tessons de poterie, les outils abandonnés ont subi le piétinement des hommes et des animaux, les os ont été rongés par les carnivores. Ces rejets n'étaient, en effet, pas piégés ni conservés dans de grandes structures en creux, de type fosse ou fossé, et étaient par conséquent usés et fragmentés. Ce

Figurine féminine néolithique (chasséenne) en terre cuite.
Bercy, 4'000 à 3'700 av. J.-C.
(hauteur : 9,8cm)

n'était pas le cas, en revanche, des objets retrouvés à l'emplacement de l'ancienne berge de la Seine.

La Seine au Néolithique

A l'époque néolithique, la rive gauche se trouvait ... sur la rive droite actuelle, la Seine changeant constamment son cours au fil des siècles: on l'a reconstitué sur plus de 300 m de long. Le paléochenal, après son comblement progressif, est resté constamment baigné par la nappe phréatique; l'humidité constante a permis, outre la conservation de vestiges fugaces (pollens, malacofaune, macrorestes) propices à une étude paléoenvironnementale de grande ampleur, la préservation d'objets en matière habituellement périssable, en particulier en bois; si les objets les plus légers ont été emportés par le courant, un arc en if, dix pirogues (la plupart fragmentées) en chêne et un bois d'architecture percé d'une mortaise sont parvenus jusqu'à nous. Parmi les très nombreux pieux ou piquets fichés dans l'argile grise de la berge, certains appartenaient à des aménagements d'accès à la rivière, de type passerelle ou ponton rudimentaire.

Des objets exceptionnellement bien conservés

L'arc néolithique

Sous un cordon de flottage de branches et branchages fut retrouvé en 1991 un arc d'une longueur totale de 154 cm ; symétrique, à courbure simple, il est fabriqué en if, bois le plus fréquemment utilisé pour la fabrication de ce genre d'arme, du fait de sa

Extrémité de l'arc en if

résistance et de sa souplesse. Sa section sub-rectangulaire montre une fabrication assez sommaire qui lui confère une grande robustesse. Il pouvait tirer des flèches d'environ 70 cm de long. Parmi la centaine d'arcs conservés en Europe, l'exemplaire de Bercy est certainement l'un des plus anciens qui soient conservés entiers.

Les pirogues

Parmi les découvertes spectaculaires du site de Bercy, les dix pirogues sont sans doute les plus connues. Paradoxalement, elles ont été datées de périodes soit plus anciennes, soit plus récentes que l'occupation principale du site. En effet, ce type d'objet en bois peut avoir flotté assez longtemps et, par conséquent, reposer dans des couches sédimentaires non contemporaines. Toutes ces pirogues sont monoxyles (fabriquées dans un seul tronc) et en chêne. L'étude des techniques de fabrication a montré que les Néolithiques maîtrisaient remarquablement l'évidage au feu dès le début du Néolithique moyen, et utilisaient des techniques et outils différents pour le façonnage du fond (herminette) et des flancs (hache).

Le fleuve a joué aussi, au Néolithique moyen, un rôle de dépotoir : des dizaines de milliers d'objets y ont été jetés! Ils sont dans un état de conservation remarquable : près de 1'500 vases, plus de 300 outils en os, 240 outils en bois de cervidé, 3'000 outils en silex ont été dénombrés. Quant aux vestiges osseux, ils ont été estimés à plus de 100'000. Ces objets étaient souvent complètement enrobés dans une croûte calcaire, et les objets les plus volumineux apparaissaient, à la fouille, sous la forme de "boules" de tuf.

Comme l'essentiel de nos informations provient d'un chenal ancien comblé (paléochenal), il faut rester prudent dans l'interprétation du gisement ; les rejets dans la rivière n'ont pas été fossilisés successivement, comme sur la rive. Le fleuve était alors actif, et les changements de débit et de régime ont constamment trié ou remanié les rejets ; on a, par exemple, retrouvé côte à côte, à la même altitude, trois vases fabriqués à au moins quatre ou cinq siècles d'écart ! De même, aucune pirogue n'a été datée de l'occupation principale du site.

Objets et outils du quotidien

Après un long travail de puzzle et d'étude sur les milliers d'objets recueillis, quatre ensembles chronologiques de durée très inégale ont pu être individualisés.

C'est la culture dite *chasséenne* (du nom du village de Chassey, en Côte-d'Or) qui est de loin la plus importante à Bercy (environ 1'350 des 1'500 "individus" céramiques identifiés); d'origine méridionale, la culture chasséenne arrive dans le centre, la moitié ouest et tout le sud-ouest du Bassin parisien à la fin du 5e millénaire. L'immense majorité des objets et outils recueillis, ainsi que l'essentiel des données sur l'économie, se réfèrent à cette occupation.

Pecten (coquille Saint-Jacques) trouvé dans la couche néolithique (chasséenne ; largeur : 7,2cm)

La céramique

Les vases *chasséens* ne portent habituellement pas de décor; en revanche, la gamme des formes est très variée. On peut ainsi distinguer des vases à carène très basse, médiane ou haute, des vases à profil segmenté en trois parties, des vases à profil en "S", des puisoirs, tasses, bouteilles, jarres de grandes dimensions, "plats à pain"...Cent cinquante "coupes à socle" portent un décor géométrique incisé de damiers, chevrons, triangles, losanges. Ces objets composés d'une coupelle supportée par un socle quadrangulaire ou circulaire restent énigmatiques ("brûle-parfums" ? autels domestiques ?). Sept fragments de statuettes en terre cuite ont été retrouvés.

Elles sont également typiques de la tradition chasséenne. L'exemplaire le plus complet possède deux bras gravés, terminés par la représentation schématique de doigts, à la manière d'un dessin d'enfant.

L'outillage en silex

L'industrie de silex comprend plus de 21'000 artefacts, dont 2'600 pièces retouchées sur éclats et sur lames. C'est l'une des séries néolithiques les plus abondantes connues dans le Bassin parisien. Cette industrie se caractérise par une grande diversité des matériaux utilisés. Un silex local a très occasionnellement servi; les silex d'origine régionale (moins de 50 km du

Céramiques chasséennes de Bercy (4'000 à 3'700 av. J.-C. ; diamètre de la plus grande : 22,5cm)

site) constituent l'essentiel de la matière première. Deux sortes de silex tertiaire, l'un zoné, l'autre plus homogène ont également été utilisées. Enfin, quelques pièces ont été fabriquées sur un silex noir et un silex blond d'origine extra-régionale (hors Ile-de-France). Les outils façonnés sont caractéristiques de la période : grattoirs sur éclat en très grand nombre, tranchets, pics, bords abattus, denticulés, armatures de flèches perçantes et tranchantes, haches polies. Les haches polies en roche tenace attestent de courants d'échange ou commerciaux sur des longues distances; en effet, 14 haches en dolérite proviennent de régions situées au sud /sud-ouest du Bassin parisien; quatre haches en roche éclogitique, des Alpes occidentales.

Le mobilier en grès et en calcaire

Les molettes constituent le plus grand groupe parmi les pièces "actives" en grès et en calcaire. Suivent les broyons, les palissons/lissoirs, les pilons/bouchardes. Les pièces "passives" sont les meules, les polissoirs, les mortiers. Outre l'activité de mouture des céréales (meules et molettes), ce mobilier comprend aussi des outils qui peuvent avoir servi à l'assouplissement des peaux, au lustrage ou polissage de petites surfaces (aiguilles, par exemple) ou à l'aiguisage et au réaffûtage de tranchants.

Outils en os et en bois de cervidé

L'industrie osseuse comprend près de 450 pièces, dont un tiers de déchets de fabrication. Les outils ont été façonnés sur des os longs d'animaux : le métapode de mouton (scié en deux ou en quatre) est particulièrement exploité. Pour certains outils (les ciseaux, par exemple), ce sont les métapodes de cerf qui ont été très largement utilisés. Les outils d'usage domestique (aiguilles, pointes diverses, lissoirs, louches et ciseaux) côtoient des objets probablement aratoires (omoplates travaillées, etc.). La pêche est attestée par une dizaine de hameçons en os, mais on n'a pas pour autant retrouvé d'abondants restes de poissons; ceux-ci étant petits et fragiles, il est très difficile d'en découvrir les vestiges. Plus de 500 pièces en bois de cerf, dont 238 outils achevés, représentant toutes les étapes de la fabrication, ont été individualisées, dont trois regroupent plus de la moitié de la série : il s'agit des pointes, des gaines à tenon et des pioches. Les autres catégories rassemblent des pics, haches, masses, flèches à oiseaux, "écorçoirs", gaines de haches perforées...

Industrie osseuse : lissoirs (à gauche), gaines de haches à perforation (à droite ; longueur de l'objet de droite : 19cm)

L'utilisation du bois

Les différentes essences identifiées (à partir des pollens, des macrorestes, des branchages naturels) offrent une gamme étendue d'utilisations, tant pour la construction (chêne, frêne, orme) que pour l'alimentation (chêne, noisetier, pomoïdés, *prunus,* cornouiller, vigne), le chauffage (chêne, orme), la vannerie (saule, chèvrefeuille), les emmanchements d'outils (cornouiller, pomoïdés) ou encore l'armement (if, viorne). Il est possible d'envisager bien des utilisations d'écorces, de fleurs et de fruits à usage médical, ou pour la réalisation de liens ou de teintures. La collecte du bois de feu joue un rôle majeur. Tous les ligneux brûlés ont une origine potentielle locale (dans un rayon de 1 à 2 km autour du site) et proviennent de deux grands biotopes : la ripisylve, qui caractérise les bords de berge, et la chênaie qui peut être localisée sur les versants proches, à l'abri des inondations.

La cueillette

La cueillette a certainement joué un rôle important pour l'alimentation des hommes et du bétail, mais aussi pour les activités domestiques : plus de 80 % des végétaux identifiés à Bercy sont susceptibles d'être employés à des fins médicinales, alimentaires, tinctoriales ou pour la confection de tissus ou de cordages. Ainsi, les raisins, noisettes, cornouilles, cenelles, glands, prunelles et mûres, objets de cueillette intensive, figuraient au menu des *Chasséens* installés à Bercy. Il s'agit de fruits consommables soit crus, comme les noisettes, prunelles, cenelles et raisins; soit cuits, comme les cornouilles et les glands.

L'agriculture

Les faibles taux (0,4 à 2,2%) de céréales enregistrés dans les diagrammes polliniques de Bercy n'indiquent pas une activité marginale : les céréales ont une très faible dissémination pollinique; les cultures sont en fait attestées, mais les champs cultivés ne jouxtent pas le site. Les espèces cultivées au *Chasséen* peuvent être précisées par l'étude des macrorestes de céréales conservés. Les grains qui ont été identifiés proviennent de deux blés "vêtus" : l'amidonnier (*Triticum dicoccum*) et l'engrain (*Triticum monococcum*) ; d'un blé nu : le blé tendre/dur (*Triticum aestivum/durum*), qui est la céréale la mieux représentée; enfin, de l'orge polystique vêtue (*Hordeum vulgare*). C'est au Néolithique moyen qu'apparaît le blé nu; plusieurs indices permettent d'interpréter sa diffusion dans le nord-ouest de l'Europe comme résultant d'influences méditerranéennes. La cause semble être due à sa qualité de blé panifiable; de plus, son grain demande moins de préparation (battage, vannage) qu'un grain vêtu.

L'élevage

90 % des 100'000 restes osseux appartiennent à des animaux domestiques : les *Chasséens* étaient agriculteurs, mais aussi éleveurs.
Le boeuf domine les autres espèces domestiques (59 à 83 % des restes de grands mammifères domes-

tiques lui sont attribuables). La courbe d'abattage du bœuf révèle deux maxima. Le premier se situe vers 5/6 mois, ce qui correspond à un abattage d'automne. Le second, situé entre 2 et 3 ans, touche des individus en fin de croissance, ce qui est typique d'une exploitation bouchère.

La plus grande partie des restes de caprinés appartient au mouton, la chèvre ayant été très rarement identifiée. Les restes du porc n'ont pu être systématiquement distingués de ceux du sanglier, en particulier lorsqu'ils étaient trop fragmentés ou appartenaient à des sujets jeunes. Mais le fait que l'abattage soit très ciblé (entre 6 et 30 mois, puis aux alentours de 5 ans) suggère cependant fortement qu'il s'agit d'individus élevés. Enfin, le chien est faiblement représenté.

La chasse

Les trois quarts des restes de faune sauvage sont attribuables au cerf, suivi soit par le chevreuil, soit par le sanglier, selon les échantillons. L'aurochs, le cheval, les petits mammifères à fourrure sont également attestés. L'ours est bien représenté, non seulement par des fragments crâniens et des restes d'extrémités de membres, mais également par des restes de fémurs et de radius, ce qui exclut qu'il puisse s'agir uniquement de vestiges de fourrures importées. Les espèces chassées renvoient à des milieux naturels très diversifiés, et témoignent donc d'une large emprise de cette population néolithique sur son environnement naturel.

Témoins d'autres cultures néolithiques

Quatre ensembles plus petits d'objets très caractéristiques, surtout des céramiques, doivent être isolés de cet énorme corpus; les deux premiers sont immédiatement antérieurs aux débuts de l'occupation *chasséenne,* le troisième lui est partiellement contemporain, le quatrième lui succède.

Une cinquantaine de vases a été attribuée à la culture de *Cerny* (du nom d'un village de l'Essonne où cet ensemble fut identifié pour la première fois; cette culture est connue dans tout le Bassin parisien, entre 4'700 et 4'400 av. J.-C). Leurs formes sont assez simples : coupes hémisphériques et bouteilles sont les plus fréquentes. De nombreux vases sont ornés; les décors sont constitués de coups de poinçons de formes variées, enfoncés dans la pâte encore fraîche; ces impressions sont disposées en bandes horizontales, sinusoïdales, curvilignes, verticales, en panneau triangulaire (au-dessus des anses). Deux des pirogues appartiennent probablement à cette occupation.

Cinquante autres vases appartiennent au *Rössen tardif.* Ce groupe culturel d'origine rhénane, un peu plus récent (autour de 4'400-4'300 av. J.-C.), se localise plutôt dans l'Est du Bassin parisien. Sur des formes qui dérivent toutes d'un profil en "S" (avec un "épaulement" au diamètre maximum) existe souvent un décor constitué de lignes horizontales incisées ou poinçonnées sur le col, et de triangles incisés hachurés ou d'un ruban horizontal incisé sur la panse.

Une dizaine de vases sont attribuables à la culture de Michelsberg, partiellement contemporaine du *Chasséen*. Elle est attestée au nord-est, dans la vallée de l'Aisne en particulier (sites de Bazoches, Maisy, Cuiry-lès-Chaudardes...) et une trentaine de kilomètres à l'est de Paris (à Vignely et à Mery-sur-Marne, par exemple).

Une vingtaine de vases datent du Néolithique récent (3'500-3'000 av. J.-C). Leur forme est tout à fait caractéristique : les fonds sont plats, parfois débordants, les panses souvent tronconiques. On peut également attribuer à cette période quelques outils en bois de cerf caractéristiques et, surtout, au moins trois pirogues monoxyles. Un quatrième exemplaire date même de l'extrême fin du Néolithique.

Le site de Bercy est aujourd'hui le plus grand site néolithique parisien et l'un des plus importants d'Ile-de-France. La confluence de la Seine avec la Marne (actuellement 2'000 mètres en amont), c'est-à-dire de deux grands axes de circulation et d'échanges attestés depuis les débuts du Néolithique dans le nord de la France, explique sans doute en partie cette succession de villages pendant un demi-millénaire ; d'ailleurs, à la confluence même des deux fleuves, à Maisons-Alfort, une enceinte néolithique à palissade et fossé interrompu attribuée à la culture de *Cerny*, puis *chasséenne*, a récemment été fouillée.

Ce type de gisement archéologique n'est sans doute pas unique en vallée alluviale; à Paris même, le site du Port Saint-Bernard entrevu par Théodore Vacquer au 19e était probablement de même nature. Il est, en revanche, exceptionnel que les archéologues puissent les étudier à une aussi vaste échelle. Le sauvetage archéologique de Bercy a été rendu possible par la conjonction de plusieurs facteurs : la réalisation d'une paroi moulée étanche ; l'assèchement de la nappe phréatique avant les travaux de construction, permettant une fouille archéologique "classique" ; d'importants moyens financiers dégagés par l'aménageur (la société ZEUS) ; enfin, la réunion des compétences techniques et scientifiques de chercheurs issus de nombreuses institutions: l'Association pour les Fouilles Archéologiques Nationales (AFAN), Arc-Nucléart, le Centre National de la Recherche Scientifique (CNRS), le Centre National de Préhistoire, la Commission du Vieux Paris (CVP), les Services archéologiques cantonaux de Neuchâtel, Fribourg et Zürich sous le contrôle du Service Régional de l'Archéologie d'Ile-de-France.

Ces quelques pages résument une importante étude collective réalisée par une trentaine d'archéologues qui ont travaillé, chacun dans son domaine, sur ce site exceptionnel (monographie à paraître). Qu'ils en soient ici remerciés.

Yves Lanchon

archéologue INRAP, Paris

Fouille de Bercy : le chantier en 1996

Petite histoire d'un chantier : la fouille de Bercy

Une fouille archéologique, c'est avant tout un projet scientifique, mais c'est aussi une aventure humaine pleine d'imprévus et de rebondissements.
Dans le cadre du projet d'aménagement concerté du nouveau Bercy, une campagne de prospection avait révélé la présence de vestiges archéologiques nécessitant une campagne de fouilles avant la mise en place des chantiers de construction.

Profitant d'un abaissement du niveau de la nappe phréatique, un sondage en profondeur, destiné à mieux connaître le sous-sol du futur chantier, a permis de mettre en évidence des vestiges néolithiques, céramiques et lithiques, mais aussi des restes de matériaux organiques, principalement du bois.

L'équipe, constituée d'une dizaine de fouilleurs et de bénévoles, était encadrée par différents spécialistes, dont un conservateur-restaurateur chargé d'assurer, *in situ,* la conservation des matériaux organiques rarement préservés lors des fouilles archéologiques portant sur des périodes aussi anciennes.

Ces matériaux sont très sensibles aux dégradations biologiques et disparaissent généralement après quelques siècles d'enfouissement. Toutefois, dans certaines conditions et notamment lorsqu'ils sont immergés, ces matériaux sont conservés, du moins dans leur apparence, mais sont en fait totalement modifiés dans leur composition interne. Leur mise au jour doit s'accompagner de traitements particuliers tels que : humidification permanente lors de la découverte, ou consolidation avant séchage, chacune adaptée à chaque type de matériaux. Si ces précautions ne sont pas prises à temps, l'objet peut se déformer de façon irréversible, compromettant toutes études et toutes expositions futures.

La fouille des niveaux néolithiques débuta en décembre 1990 dans la partie la plus au sud du projet d'aménagement. Nous nous trouvions sur l'emplacement de l'un des anciens lits de la Seine et la zone excavée révélait une partie de l'ancienne rive, ainsi qu'une partie du chenal.

La fouille de cette portion de rive a livré une quantité impressionnante de matériel travaillé : tessons de céramique, outils en os et bois de cerf, silex taillés, etc., mais aussi une quantité importante de matériel osseux non travaillé, restes de boucherie qui augmentèrent le volume des trouvailles. Il faut y ajouter plusieurs découvertes exceptionnelles : l'arc en if et surtout, en août 1991, la mise au jour des premières pirogues, qui vinrent compliquer la tâche des fouilleurs.

Le retentissement de ces découvertes en plein Paris fut immense et le chantier fut pris d'assaut par les médias internationaux. Nous vîmes défiler des équipes de télévision venues du monde entier (Japon, Etats-Unis) mais aussi des personnalités comme Jacques Chirac alors maire de Paris, ou encore l'acteur américain Gregory Peck passionné par tout ce qui touche à l'archéologie, de passage dans la capitale. Toutes ces visites ralentissaient considérablement le déroulement des fouilles et il nous a été parfois bien difficile de sauver du piétinement des vestiges vieux de six mille ans.

Dégagement d'une céramique néolithique à Bercy (1992)

Il faut bien dire que les moyens mis à la disposition de l'équipe de fouille se sont vite révélés insuffisants. Nous disposions d'un local situé dans la cave du bâtiment où se trouvaient les bureaux administratifs des anciens entrepôts vinicoles. Ce bâtiment du 19e siècle, promu à la démolition, avait été fragilisé par les différents aménagements précédant la mise en chantier et des fissures étaient apparues dans les murs. Le plafond de la cave où nous travaillions avait dû être étayé à l'aide de madriers en bois.

Cet espace, auquel on accédait par un étroit couloir en pente, était constitué de deux pièces d'environ 15 m² chacune et devait nous servir de vestiaire, de laboratoire de traitement, de lieu de nettoyage du matériel. Nous devions aussi y recevoir les spécialistes de passage, y entreposer le matériel archéologique et y ranger le matériel de fouille, seaux, pelles, brouettes. Si les sédiments humides conservent les matériaux organiques, ils mettent le fouilleur et les outils qu'il utilise à dure épreuve, tendant à transformer le tout en une masse gluante possédant une forte propension à tout " contaminer " sur son passage. Seul un œil averti pouvait discerner le fouilleur de son matériel, la truelle servant à la fouille de la hache en silex poli, ou la brouette de la chaise de bureau.

La fouille de la berge avait déjà livré une quantité importante de matériel, mais ce n'était rien à côté de ce qui allait sortir du chenal. Nous avons été littéralement submergés, et en particulier par les céramiques. De nombreux récipients en terre cuite, tombés à l'eau au cours de leur période d'utilisation, nous sont parvenus quasiment intacts, comme emballés dans un cocon de tuf calcaire. Ces " œufs à vases ", comme nous n'allions pas tarder à les appeler, nous compliquaient le traitement.

L'élimination mécanique au scalpel des deux ou trois centimètres de calcaire produits laborieusement par les bactéries au cours des millénaires nous demandait à notre tour quelques milliers de secondes. Ce temps de nettoyage, ajouté à celui du tri et du marquage, fit qu'en peu de jours le matériel archéologique envahit le local, puis s'entassa le long des murs de l'étroit couloir menant à la cave. L'accès au local devenait de plus en plus difficile et la préservation du matériel de plus en plus aléatoire.

Du 15 janvier au 15 février 1992 fut organisée, dans les locaux de la Mairie du 12e arrondissement, une exposition intitulée : " Les pirogues néolithiques de Bercy ". A cette occasion, le public eut le loisir de contempler une partie des objets trouvés sur le site, et en particulier la reconstitution d'une pirogue, en traitement à Grenoble. Devant le succès de cette manifestation, les aménageurs présents sur le site prirent conscience de l'intérêt qu'il pourrait y avoir pour eux " en termes d'images ", à s'investir davantage dans la réalisation de ces fouilles. Conscients de nos difficultés, ils nous proposèrent, dans le cadre du mécénat d'entreprise, la mise en place sur le site de locaux adaptés à nos travaux.

Après avoir défini précisément nos besoins, il fut mis à notre disposition 80 m² de locaux préfabriqués, climatisés sur trois niveaux.

Le rez-de-chaussée comportait un vestiaire avec douches, une salle où nous pouvions prendre nos repas, il était dévolu à la réception et au traitement du matériel. Le premier étage équipé de rayonnages faisait office de réserve où était conservé le matériel archéologique après traitement. Le troisième étage était consacré à l'étude, à l'enregistrement, et l'on y trouvait des bureaux, des ordinateurs et des tables à dessin. C'est dans ces bonnes conditions que débuta la fouille du secteur appelé " Quartier sud ".

Ce deuxième secteur tint ses promesses : la richesse et l'intérêt des objets mis au jour étaient aussi importants que le précédent. Un an presque jour pour jour après la découverte des premières pirogues, de nouveaux restes d'embarcations furent trouvés durant l'été 1992. Ayant tiré les leçons des premières découvertes, nous sûmes gérer cette fois-ci les médias, et le prélèvement spectaculaire de la pirogue la mieux conservée, hissée à l'aide d'une grue à plus de 10 m au-dessus du fond de la fouille, se déroula dans les meilleures conditions. Là encore, le matériel afflua mais, cette fois, nous étions équipés pour le conserver et le traiter convenablement.

Début 1993, le chantier touchait à sa fin. Il fallait préparer le matériel pour son déménagement dans un dépôt de fouilles situé à Champigny-sur-Marne, ville située à une dizaine de kilomètres de Paris. Des étudiants en conservation, venus en stage pratique, nous aidèrent à conditionner les milliers d'objets mis au jour en vue de leur déplacement. On dit souvent que l'histoire est un éternel recommencement : c'est certainement vrai pour la préhistoire. Le dépôt de fouilles de Champigny était situé dans un sous-sol… risquant de s'effondrer à cause des infiltrations d'eau. Les procédures administratives de dévolution du matériel étant définitivement bouclées, il fut décidé que ce dernier viendrait enrichir les collections du Musée Carnavalet, dont les nouvelles réserves se trouvent dans les sous-sols des nouveaux bâtiments construits sur les sites de… Bercy !

Christian Binet

conservateur-restaurateur
Haute école d'arts appliqués,
La Chaux-de-Fonds

Vie quotidienne au bord de la Seine ou sur les rives du lac de Neuchâtel, il y a 6'000 ans

L'annonce par la presse, en 1991, de la découverte de pirogues néolithiques à Bercy, en plein cœur de la capitale, a probablement davantage surpris le public parisien que les lecteurs neuchâtelois, depuis longtemps familiarisés avec les sites littoraux en milieu humide, appelés plus communément " villages lacustres ". La mise au jour de bois néolithiques associés à des outils en bois de cerf, en silex et à des milliers d'ossements d'animaux et de tessons de céramiques particulièrement bien conservés était, à vrai dire, inhabituelle en ville de Paris. Un ancien village construit sur les berges de la Seine au 4e millénaire avant notre ère, reconstruit au même emplacement au cours des siècles qui ont suivi, avait été partiellement préservé grâce aux sédiments sableux et humides apportés par les crue du fleuve, comme dans le cas de nos villages lacustres.

Peut-on comparer l'établissement néolithique de Bercy à ceux d'Hauterive, d'Auvernier ou de Saint-Blaise, récemment fouillés dans la région de Neuchâtel ?

Pour répondre à cette question, il est nécessaire de rappeler la néolithisation qui s'est produite au Proche-Orient, du côté des plateaux anatoliens, de la Syrie, de la Palestine, entre les 11e et 8e millénaires avant notre ère. Une lente et progressive expansion du Néolithique et de ses découvertes s'est développée de l'est de la Méditerranée en direction de l'ouest par les côtes (vers 6'000 ans avant notre ère, le Néolithique est en place dans le Midi de la France et en Espagne), alors que, parallèlement, un autre courant remontait la plaine du Danube à travers l'Europe centrale pour atteindre le Bassin parisien vers -5'000. A cette date, la plus grande partie du continent européen est " néolithisée " et des populations d'agriculteurs, d'éleveurs de bétail, de potiers commencent également à occuper le territoire suisse. Non seulement les matières premières et produits manufacturés sont échangés de relais en relais et circulent sur de grandes distances, accompagnant quelques voyageurs intrépides, mais les idées, les techniques, les savoir-faire sont adoptés par les différents groupes culturels qui occupent ces vastes territoires.

Les " lacustres " du Plateau suisse n'appartiennent pas à une " civilisation " particulière. Ce sont des Néolithiques dont l'originalité est d'avoir su s'adapter de manière exemplaire à un environnement humide, marqué par de nombreuses crues. La conservation exceptionnelle des vestiges, notamment des matières organiques, grâce à un processus de sédimentation tout à fait particulier et à la permanence de la nappe phréatique au niveau des couches archéologiques, a également fait la renommée de ces villages de bords de lacs. Enfin, leur position géographique à la jonction entre les courants danubien et méditerranéen est, une fois encore, particulière. Les villages du lac de Neuchâtel ont vu arriver des marchands de la vallée du Rhône et même de la Méditerranée, d'Europe centrale et, dans une moindre mesure, du Bassin parisien.

De nombreux points communs lient les sites néolithiques de Bercy et d'Hauterive- Champréveyres (ou

Scène de pêche au Néolithique. Aquarelle de Benoît Clarys

des habitats lacustres proches). Dans les deux cas, il s'agit tout d'abord de fouilles de sauvetage (dites *préventives*, en France), liées à de grands travaux de génie civil : construction d'un nouveau complexe commercial à Paris, d'une autoroute à Neuchâtel. Ces travaux nécessitent des techniques d'intervention particulières. Pose de palplanches, batardeaux, digues, pompes électriques pour pouvoir travailler en terrain exondé nécessitent des méthodes de fouille, de prélèvement et de traitement des objets adaptées aux circonstances. Comment conserver des pièces aussi fragiles et volumineuses que des pirogues monoxyles ? comment traiter un arc en if ? Non seulement les questions et les problèmes à résoudre sont identiques dans les deux cas, mais une étroite collaboration entre spécialistes français et suisses a pu être mise en place. Ainsi, la conservation et l'étude de l'arc de Bercy ont été confiées au Service et musée d'archéologie de Neuchâtel, avec la collaboration du Service archéologique cantonal de Fribourg. L'analyse et l'étude des pirogues de Bercy a été confiée à un spécialiste neuchâtelois.

Dans les deux cas, il s'agit d'un habitat au bord de l'eau, de populations vivant d'agriculture, de pêche et de chasse, se livrant à diverses activités artisanales (textiles, par exemple), livrant des témoins archéologiques et des vestiges architecturaux identiques : plans de maisons rectangulaires à trois rangées de poteaux, palissade, présence d'un abondant mobilier en pierre, céramique, os ou bois de cerf. Du côté de Paris, les populations étaient confrontées à tout moment aux crues du fleuve et devaient migrer provisoirement dans l'arrière-pays lorsque le niveau de l'eau devenait trop haut, comme étaient contraints de le faire les habitants de nos lacs.

Cette similitude dans le type de vestiges découverts n'est d'ailleurs pas un phénomène spécifique du Néolithique : il y a quinze mille ans déjà, les chasseurs magdaléniens, qui ne cessaient de déplacer leurs campements, menaient un mode de vie très similaire dans toute l'Europe. Les campements d'Hauterive-Champréveyres ou de Neuchâtel-Monruz ont livré des vestiges qui ressemblent étrangement à ceux d'Etiolles, au sud-ouest de Paris, ou de Pincevent, le long de la Seine. Alors que, sur la quasi-totalité des sites pré- et protohistoriques traditionnels, les matières organiques ont totalement disparu, elles sont partiellement conservées à Bercy, parfois même intactes.

En comparant les différentes étapes d'occupation de Bercy avec celles du lac de Neuchâtel, on constate dans certains cas un parallèle chronologique évident. Il est aujourd'hui certain qu'au cours de la préhistoire, des populations néolithiques ont vécu au même moment aussi bien le long de la Seine, dans un lieu devenu quelques millénaires plus tard capitale de la France, que sur les rives du lac de Neuchâtel. Les phases dites *chasséennes* et *Seine-Oise-Marne* de Bercy sont contemporaines de certaines occupations *Cortaillod* ou *Horgen* d'Auvernier ou de Saint-Aubin. Bercy est situé non loin d'un point géographique stratégique, à 2 km seulement du confluent de la Seine et de la Marne. Les habitants avaient donc la possibilité de se diriger vers le nord ou vers le sud en pirogue, pour échanger des produits ou chercher des matières premières. La pirogue monoxyle était un moyen de locomotion privilégié, bien qu'on puisse également rejoindre par voie terrestre la vallée de l'Oise, à une quarantaine de km de là.

Il n'est d'ailleurs pas exclu qu'un habitant de Bercy se soit rendu jusqu'en Suisse occidentale, ou vice-versa ! On imagine volontiers quelques voyageurs remontant la Seine jusqu'en Côte-d'Or, puis gagnant la Saône et le Doubs, pénétrant dans le Val-de-Travers pour aboutir du côté d'Auvernier où ils rencontraient des artisans fabriquant des lames de haches polies en roche verte, très convoitées à l'époque.

Combien de temps fallait-il, à cette époque, pour aller de Paris à Neuchâtel ? Deux à trois semaines probablement, si on considère qu'un " commerçant " moyennement chargé pouvait parcourir 30 à 35 km par jour. Il traversait des forêts de chênes, de hêtres et de tilleuls. Le sous-bois était dense dans certaines régions, s'éclaircissait considérablement dans les zones les plus occupées. S'il longeait les rives des fleuves et des rivières, il y trouvait une végétation composée de noisetiers et d'aulnes. Il longeait des cultures céréalières lorsqu'il s'approchait des villages. Il pouvait chasser le cerf, le chevreuil et le sanglier, mais aussi le castor ou le canard près des cours d'eau.

Le savoir-faire et les techniques utilisés par les artisans de la Seine d'une part, les " lacustres " helvétiques d'autre part sont tout à fait comparables, comme le montrent les objets exposés en vitrines. Seuls les spécialistes y reconnaîtront des traits culturels particuliers, visibles (bien que très discrets) dans les détails des formes et des décors des céramiques, dans la forme des outils en matière dure animale ou en pierre.

Pour trouver de vraies différences, il faut se tourner du côté des croyances religieuses, ainsi que du choix de l'exploitation et de l'utilisation des matières premières disponibles.

Les figurines féminines en terre cuite n'ont aucun équivalent en Suisse. Que signifient ces statuettes humaines stylisées ? Qui sont-elles censées représenter ? Sont-elles liées à des pratiques religieuses ou ne sont-elles qu'une forme d'expression artistique, sans connotation sacrée ? Nous ne le savons pas. Elles appartiennent à un groupe culturel dont l'influence n'a pas franchi les limites du territoire helvétique.

Les haches polies en silex sont caractéristiques de nombreuses régions de la France actuelle, et plus particulièrement du Bassin parisien. Le silex, de bonne qualité, est abondant dans cette région et permet par conséquent, après un temps d'apprentissage, de produire en série quantité de lames très dures et tranchantes. Cette technique n'avait pas cours dans nos régions. Cependant, l'œil averti du préhistorien est attiré par quelques rares lames en roche verte découvertes à Bercy, pierre qu'on ne trouve pas à l'état naturel dans les environs de Paris alors que les sites suisses en regorgent. D'après les analyses pétrographiques, ces roches, de la famille des éclogites ou serpentinites, pourraient fort bien avoir comme origine les moraines du Plateau suisse. Les habitants des deux régions considérées, distantes de quelque 385 km à vol d'oiseau, probablement plus de 500 km effectifs en suivant les cours d'eau et les sentiers de forêts, ont su développer un système d'échanges à longue distance. Des haches " suisses " parvenaient ainsi à Paris au 4e millénaire avant notre ère, alors que quelques rares haches en silex " parisiennes " étaient utilisées au bord du lac de Neuchâtel, comme le montre un tranchant découvert à Portalban. Les échanges sont attestés par d'autres matières premières : on peut suivre ainsi l'itinéraire d'outils en silex à travers toute l'Europe, grâce à l'identification et à la localisation précise de gisements bien caractéristiques, ou encore de parures en coquillages marins, retrouvés à plusieurs centaines de km de la mer. Il semble bien que les populations néolithiques, qui avaient maints avantages à vivre près de l'eau, au bord d'un lac ou d'un fleuve, étaient curieuses et dynamiques, ouvertes au marché européen, soucieuses d'acquérir de nouveaux produits et de nouvelles connaissances.

Denis Ramseyer

*conservateur adjoint
du Laténium*

Fragments de haches en roche verte découverts à Auvernier (à gauche) et Bercy (à droite)
(longueur de la pièce de gauche : 7,5cm)

Lames et racloirs néolithiques en silex découverts à Auvernier (à gauche) et à Bercy (à droite)
(longueur de la plus grande pièce : 11cm)

" Casse-têtes " néolithiques en bois de cerf découverts à Auvernier (à gauche) et à Bercy (à droite)
(longueur de la pièce de gauche : 12,5cm)

Biseaux el pointes néolithiques en os découverts à Hauterive-Champréveyres (à gauche) et à Bercy (à droite)
(longueur de la pièce de droite : 16,4cm)

Les pirogues néolithiques de Bercy

La fouille d'un ancien bras de la Seine a permis de mettre au jour trois occupations néolithiques sur la berge sud de Paris-Bercy, en 1991-1992 : deux horizons du Néolithique moyen (l'un correspondant au groupe de Cerny, dernier faciès du Rubané, vers 4'500-4'200 av. J.-C. ; l'autre du Chasséen, vers 4'200-3'400 av. J.-C.) et un du Néolithique final (vers 3'000-2'600 av. J.-C.). Au pied de ces sites, dix pirogues en chêne ont été découvertes, associées à du mobilier néolithique en position secondaire, ce qui confère un intérêt tout particulier à ce gisement. Six exemplaires ont été datés au moyen d'une analyse du C-14 et appartiennent au Néolithique. Les spécimens 1 et 6 remontent au milieu du 5e millénaire avant notre ère; les esquifs 2, 3, 8 et 12, au 3e millénaire (Arnold 1995, p.44-49). L'apport fondamental de ces esquifs ne se situe pas tant dans leur forme, car ils sont incomplets, que dans les processus de fabrication.

Haches et herminettes

Dans plusieurs cas, l'analyse des traces laissées par l'outillage a permis de préciser que les travaux de finition des flancs ont été réalisés à l'aide de haches ; le fond, quant à lui, a été façonné à l'herminette (le tranchant de cet outil est perpendiculaire au manche, tandis qu'il est parallèle pour les haches). Les traces se présentent sous la forme de séries de rangées de cupules parallèles à l'axe longitudinal, constituées d'une suite de coups. La largeur de ces enlèvements varie entre 3-3,5 cm (n° 6), 3,5-4 cm (n° 1 et 7), 4 cm (n° 3), 4-5 cm (n° 8), 5-6 cm (n° 6) ; leur longueur est plus ou moins du double. A l'exception des exemplaires 6 et 8, il semble qu'un seul gabarit de lame ait été utilisé. Quant aux flancs, c'est la présence de traces obliques, parfois matérialisées par un ensemble de coups décalés les uns par rapport aux autres, qui a permis de préciser que des haches ont servi à tailler cette partie de la coque (n° 3, 7 et 8).

Enfin, l'existence de tenons cubiques (n° 4), de tenons allongés (n° 3) et de renforts transversaux (n° 2) a parfois pu être relevée. Dans le cas de la pirogue 3, une saignée transversale est plus difficile à interpréter : il pourrait s'agir de l'ultime témoin de rainures aménagées de place en place dont la profondeur permettait d'indiquer, matériellement, l'épaisseur que l'on désirait donner au fond. Le contrôle des flancs était plus aisé : il suffit, en effet, de promener les mains de part et d'autre d'un flanc pour évaluer avec précision son épaisseur. Dans le cas du n° 3, une fente y a été rendue étanche par l'insertion d'une petite masse de mousse.

Evidage au feu

Les pirogues 1 et 6 sont caractérisées par la finesse remarquable de leur coque, qui implique une grande légèreté de l'esquif, et leurs dimensions importantes (longueur conservée de l'exemplaire 6 : 5,8 m ; longueur totale minimale : 7,2-7,8 m). Ces pirogues, qui datent du milieu du 5e millénaire, présentent des traces de carbonisation en relief par rapport au reste du fond. Dans le cas de l'exemplaire n° 6, on peut même observer que les rares plaques brûlées encore préservées comportent des traces d'herminette à leur

La pirogue n° 6 de Bercy, lors de sa fouille dans un ancien bras de la Seine

surface (évidemment attaquées par le feu), résultant de la phase de travail précédente. Les dernières opérations consistaient donc à tailler le fond à l'herminette afin d'emporter la croûte superficielle carbonisée, puis à poursuivre l'évidage au feu sur une épaisseur de l'ordre du centimètre; enfin, d'enlever une large partie de la zone brûlée : l'épaisseur définitive du fond n'atteint ainsi plus que 1-1,5 cm pour la pirogue 1, et 3 cm pour l'exemplaire 6. Ces cas exceptionnels ont permis de prouver que les préhistoriques pratiquaient avec maîtrise l'évidage au feu dès le début du Néolithique moyen. Il s'agit effectivement de la technique la plus rationnelle et la plus rapide en l'absence d'un outillage de fer : dès que des cubes de charbon apparaissent au fond de l'esquif, on les gratte pour réactiver le processus, tout en contrôlant la régularité de l'opération.

Ces marques en relief se différencient fondamentalement des empreintes en creux qui, dans de multiples cas, peuvent être secondaires, et dépourvues de toute relation avec les processus de fabrication (voir par exemple l'extrémité conservée de la pirogue 3). Ces traces peuvent être postérieures à l'abandon de l'artefact en tant que bateau. Seule une analyse minutieuse, démontrant l'antériorité des traces de carbonisation par rapport aux marques laissées par des herminettes ou des haches, permet parfois de vérifier que l'évidage a bien été effectué au feu.

Les pirogues en Europe au 5e millénaire avant notre ère

A ce jour, trois régions d'Europe ont livré des pirogues monoxyles datant du 5e, voire du début du 4e millénaire avant notre ère (Arnold 1996, p.32-37). Il s'agit du Danemark, avec des embarcations de l'Ertebøllien, culture du Mésolithique final qui connaissait l'usage de la céramique mais produisait aussi des haches en silex de dimensions fort proches de certains exemplaires néolithiques; de la Suisse, avec des esquifs trouvés dans les lacs de Neuchâtel, Zoug et Zurich, datant du milieu du Néolithique moyen; enfin, de Paris-Bercy, avec les pièces 1 et 6. Si, dans les deux premiers ensembles, on constate pour l'instant la présence exclusive d'un bois tendre et homogène, à savoir essentiellement le tilleul, les pirogues découvertes à Bercy ont, quant à elles, été façonnées dans du chêne. Dans ce contexte, on peut signaler que les rarissimes pirogues mésolithiques mises au jour, qui datent pour l'essentiel de la première moitié du 7e millénaire avant notre ère, ont été taillées dans des pins.

Au Néolithique récent et final (3e millénaire), le tableau change : les essences tendres sont abandonnées au profit du chêne, qui deviendra le bois par excellence pour fabriquer les pirogues. Celles de Bercy 2, 3, 8 et 12 appartiennent à cette période, de même que l'exemplaire découvert dans la baie de Bevaix en 1990 (Arnold 1995, p.49-52). Toutefois ce dernier, complet, a été façonné dans un grand pin sylvestre. Sa longueur atteint 8,27 m pour une largeur de 0,55-0,65 m et une hauteur de 0,30-0,32 m. Sa poupe a fait l'objet d'une réparation : une planchette destinée à parfaire la fermeture de cette extrémité y a été insérée. Les traces de carbonisation, au niveau de la proue, témoignent également d'un évidage au feu (en tout cas à cet emplacement).

Des pirogues expansées au milieu du 5e millénaire ?

Une nouvelle analyse a été entreprise sur les pirogues de Bercy, et plus particulièrement sur l'exemplaire 6, le plus intéressant d'un point de vue technique, dans le cadre de l'exposition du Laténium consacrée à ce site. En reprenant l'étude des plans dressés lors des processus de conservation, on a pu observer que l'axe longitudinal de la coque n'avait quasiment pas subi de déformations. Quant à la projection des coupes transversales sur un seul plan, elle a permis de constater un phénomène d'évasement considérable sur les flancs : ces derniers s'inscriraient théoriquement dans la périphérie d'un tronc de 2 m de diamètre, ce qui est quasiment impossible, et ce d'autant plus que la moelle est proche des parties encore présentes de l'extrémité conservée. Une seule solution peut aboutir à un tel résultat : les flancs ont été écartés artificiellement en chauffant le bois, et le processus s'est accentué après l'abandon de la pirogue au fond de la Seine, vu l'épaisseur exceptionnellement faible de la coque. Ce dernier élément milite, en fait, également pour un élargissement forcé de la coque, appelé expansion. Récemment, cette technique a également été identifiée sur l'énorme élément monoxyle en chêne constituant la base d'un bateau médiéval découvert à Utrecht en 1930 (Van de Moortel 2000), mais aussi sur diverses pirogues en chêne utilisées comme cercueils dans la nécropole de Slusegård, sur l'île de Bornholm (Danemark), en usage entre la fin du 1er siècle après J.-C. et le milieu du 3e. Une réplique de l'une de ces pirogues a été réalisée en 2001 sur les rives du Léman (Linard 2001), prouvant pour la première fois de manière irréfutable que de telles expansions étaient également possibles sur du chêne.

Le recours à cette technique et son développement (encore pratiqué dans de nombreux pays d'Asie du Sud-Est) résulte directement des contraintes imposées par la matière première, à savoir les dimensions des arbres disponibles et la forme de leur fût. Si l'on veut obtenir des embarcations plus grandes ou des formes plus évasées, donc des esquifs plus stables, deux options peuvent être prises : soit déformer la matière (expansion), en réservant assez de bois dans le prolongement futur des flancs afin de compenser l'abaissement de la hauteur des bords avec l'ouverture de la coque; soit assembler plusieurs morceaux de bois, et donc fabriquer une embarcation complexe. Cette dernière solution sous-entend toutefois que les artisans aient pu résoudre trois problèmes fondamentaux :
- savoir assembler fermement des planches ensemble (en principe, par ligature) ;
- assurer l'étanchéité des espaces inévitablement présents entre ces pièces ;
- insérer dans la coque une structure maintenant sa forme générale et sa rigidité, et concevoir un dispositif jouant le rôle de la membrure des embarcations actuelles.

Archéologie expérimentale

Compte tenu de ces nouvelles données, la réalisation d'une réplique de la pirogue 6 de Bercy se révélait un projet d'archéologie expérimentale particulièrement attractif. Il allait ainsi être loisible de procéder à trois séries d'observations :
- tester l'utilisation massive d'un outillage fait de lames en pierre polie, et comparer ses performances avec celles des lames en bronze ou en fer, déjà largement expérimentées lors de la réalisation d'une réplique du chaland gallo-romain découvert à Bevaix ;
- analyser les problèmes posés par un évidage contrôlé au feu ;
- tester l'expansion à chaud des flancs d'une pirogue en chêne longue d'environ 8 m.

En mars 2003, un chêne au fût imposant (diamètre de 110 cm) fut abattu en trois jours. Quatre bûcherons purent travailler simultanément; ensuite, trois personnes, puis finalement deux. L'application de cette méthode eut pour effet de créer trois facettes et dégager une arête médiane qui ne fut enlevée que le troisième jour. Ce procédé s'est révélé particulièrement approprié, car les bûcherons ne devaient pas se pencher de manière exagérée pour atteindre leur zone de travail. Au total, il aura fallu 11 heures et 40 minutes d'effort pour faire tomber cet arbre. On peut ainsi observer qu'il faut trois fois plus de temps pour abattre un gros chêne avec des haches à ailerons du Bronze final qu'avec de lourdes haches en fer, et six fois plus pour des haches en pierre polie.

La mise en forme de la face extérieure de la coque débutera au moment de l'ouverture de l'exposition. Elle permettra d'évaluer l'efficacité de haches dont les lames en pierre seront soit directement enchâssées dans le manche, soit insérées dans un élément intermédiaire élaboré sur un morceau de bois de cerf. Suivra, enfin, l'évidage au feu. La durée de ce processus devrait être suffisante pour en acquérir une bonne maîtrise et obtenir finalement une coque dont épaisseur sera de 3 cm. L'expérience devrait permettre de contrôler la régularité de son évidage en se servant de l'esquif comme d'une caisse de résonnance. Si toutes ces opérations se déroulent correctement, il sera ensuite possible de mettre en chantier l'expansion des flancs, phase la plus délicate également. En effet, on sait, par exemple, que les Boni, sur le fleuve Maroni (Guyane), estiment que le risque que leur pirogue se fende à ce moment-là est d'un cas sur quatre ou cinq (Hurault 1970, p.72).

Béat Arnold
archéologue cantonal

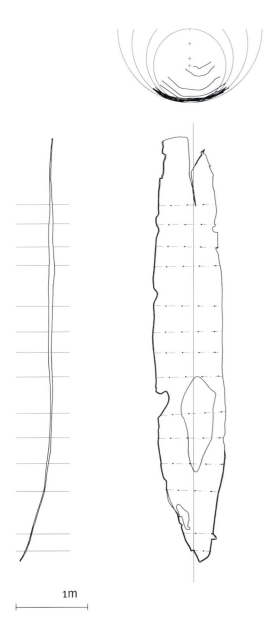

Abattage d'un chêne pour la fabrication d'une réplique de la pirogue n°6 de Bercy

1m

Pirogue n° 6 de Bercy. Une projection des coupes transversales (complétées graphiquement par leur partie symétrique), superposée à des cercles de différents diamètres, permet d'observer une ouverture secondaire des flancs particulièrement importante

Pirogue en tilleul datant de la seconde moitié du 5ᵉ millénaire, découverte à Hauterive-Champréveyres NE, à l'emplacement du Laténium

Classe I   Classe II

Classe III   Classe IV

Classe V   Classe VI

Classe VII   Monnaies en bronze

Les Parisii

Quatre faits attestent l'établissement d'un peuple celte sur les rives de la Seine, dans la région parisienne, durant le second âge du Fer : un certain nombre de tombes découvertes ; un monnayage d'or exceptionnel ; l'existence d'un oppidum - un camp retranché, révélé par les sources historiques - et le récit par Jules César d'un combat qui oppose ses troupes à celles de la tribu des Parisii, dont le nom signifie " peuple des carrières " du celte " kwarisii ", " kwar " désignant une carrière. D'autres étymologies ont été proposées, telles que " les sédentaires ", " ceux qui se sont installés ", ou celles qui désignent une embarcation sur l'eau.

Des tombes

Les données archéologiques permettent de situer aujourd'hui la formation des Parisii au 3e s. av. J.-C., date où on voit apparaître dans le Bassin parisien de nouvelles nécropoles avec des rites et du mobilier typiques de cette culture.

Un exemple particulièrement intéressant est la découverte effectuée tout récemment à Bobigny (Seine - Saint - Denis), où plusieurs centaines de tombes d'un cimetière qui pourrait être l'un des plus grands d'Europe ont été retrouvées en 1992, avec du matériel spécifique aux 3e et 2e siècles av. J.-C. Un des caractères exceptionnels de ce site est la mise au jour de nombreuses sépultures d'enfants, qui sont généralement absents de ce type de nécropole.

De l'or

Les monnaies en or frappées par les Parisii sont un des plus beaux exemples de la production monétaire celtique, tant par la régularité du poids du métal précieux que par la qualité exceptionnelle de la gravure. De plus, ce monnayage est parfaitement circonscrit dans l'aire géographique concernée et typologiquement remarquable dans la série successive de ses émissions.

Après avoir pris modèle sur les statères d'or de Philippe II de Macédoine (359-336 av. J.-C.), que de nombreux Celtes servaient en qualité de mercenaires, les graveurs de monnaies vont laisser libre cours à leur imagination. A l'avers, la tête, censée primitivement représenter Apollon, arbore une chevelure bouclée et exubérante ; quant à l'attelage conventionnel du revers, le bige, il fait souvent place à un cheval galopant très sinueux, symbole de l'expansion celte et de la maîtrise de la force. Le statère est une unité du système monétaire grec et macédonien, et ceux de Philippe II de Macédoine, prototypes d'une grande partie des monnaies celtiques, pèsent 8,3 g.

La production des statères d'or des Parisii débute probablement à la fin du 2e siècle av. J.-C., au moment de leur émancipation politique, et perdurera jusqu'à la conquête (52 av. J.-C.). Contrôlant le trafic fluvial sur la Seine, à la base de la richesse de ce petit mais puissant peuple celtique, les Parisii émettent sur deux générations sept classes de statères et de quarts de statères.

Monnaies des Parisii.
Les sept classes de statères; deux monnaies en bronze
(échelle : 3/4 grandeur réelle)

Les quatre premières classes dénotent, de par la constance de leur poids, une période de dynamisme économique de cette cité, qui devait importer l'or nécessaire à la fabrication de sa monnaie. Les deux suivantes, les classes V et VI, connaissent une légère diminution de leur teneur en or et témoignent des premiers troubles annonciateurs de la guerre des Gaules, qui vont affecter l'activité commerciale. La classe VII démontre la participation des Parisii aux côtés de Vercingétorix dans sa lutte contre Jules César, qui se traduit par une dévaluation considérable de sa monnaie.

La classe I, dont le poids moyen est de 7,3 g pour un diamètre de 18 à 22 mm, présente à l'avers un profil humain à la joue marquée d'une croix ; visage et chevelure sont bien séparés par une ligne perlée et les cheveux figurés par de longues mèches en S. Le revers figure un cheval à la crinière et à l'encolure perlées avec une croix devant le front. De sa croupe, une volute se redresse vers l'avant. Sous son ventre, une rosace ; au-dessus de l'animal, un motif en forme de filet, symbole peut-être de sa domestication ou évocation d'une aile de pégase, qui se retrouvera jusqu'à la fin du monnayage.

La classe II, dont un exemplaire est présenté dans l'exposition, connaît une chevelure simplifiée, faite de mèches terminées par des spirales. Entre elles et le visage, on distingue deux croissants et un esse (décoration en forme de S) qui évoquent des boucles. L'œil se présente sous la forme d'un point, le nez est très droit et les lèvres, en demi-cercle, sont reliées au nez par un trait vertical. Sous le cou, un décor de traits verticaux. La ligne perlée séparant le visage de la chevelure a disparu. Cette pièce est remarquable car deux angles de vue différents sont confondus sur un même plan, associant un visage de profil à la représentation frontale de mèches en croissant et de la coiffure qui l'entourent.

Le revers ressemble à celui de la classe I, si ce n'est la suppression de la croix devant le front. La crinière du cheval est soulignée par une longue ligne perlée se terminant par une spirale. Au-dessus de son dos se retrouve le motif du filet déployé et, sous les jambes de devant, la rosace faite de sept globules, symbolisant une roue ou un soleil. Poids et diamètre sont très proches de la classe précédente.

Le profil de la classe III est analogue à celui de la classe II, mais les volumes du visage et du cou sont soulignés par un large cerne.

La classe IV se caractérise par un œil désormais rond et, surtout, un nez pointu et retroussé caractéristique.

La classe V est reconnaissable à son décor en dents de loup. Si son diamètre est en général plus grand que les séries précédentes, son poids, en revanche, se réduit de 0,5 g de métal fin par statère.

La classe VI, dite au profil simplifié, se distingue par son style lourd, grossier, raide.

Quant à la classe VII, c'est une simplification de la

classe II, avec des flans plus petits et irréguliers et un poids inférieur à 7,0 g, contenant parfois jusqu'à deux fois moins d'or.

Il est à souligner que les Parisii n'ont frappé aucune monnaie en argent ; mais ils émettent, après la conquête romaine et suite à l'abandon de leurs séries monétaires en or, quelques pièces désormais en bronze, aux légendes épigraphiques VENEXTOS et ECCAIOS, dont la diffusion recouvre exactement les limites de leur territoire. L'iconographie de ces deux pièces est particulièrement symbolique : le revers de la première figure un cheval à tête humaine, un oiseau perché sur sa croupe ; celui de la seconde, sous le cheval, un petit personnage, la tête tournée à gauche, au torse vu de face.

Un oppidum à retrouver

Liée à un phénomène général de profondes transformations sociales, cette période voit naître la création d'oppida en des lieux stratégiques et sur des voies de communications importantes : débouché d'une vallée, méandre de cours d'eau, colline. Le contrôle du trafic fluvial sur la Seine par les Parisii pourrait expliquer l'exception que constitue la situation insulaire de Lutèce, facile à défendre. La cité occupait une position-clé de première importance sur le cours moyen de la Seine, jalon de la route de l'étain entre Méditerranée et Grande-Bretagne, située au point de rencontre de la Gaule du Nord, de la Gaule de l'Ouest et celle du Centre-Est.
La cité des Parisii, Lutèce, est mentionnée par Jules César dans la " Guerre des Gaules " ; il relève la présence d'un oppidum sur une île de la Seine et le fait que cette tribu faisait " cité commune " avec celle, limitrophe à l'est, des Sénons, dont les Parisii se séparèrent au tout début du 1er siècle av. J.-C., moment qui marque le début de leur monnayage en or. L'oppidum dont parle César est-il bien l'île de la Cité, où se dresse aujourd'hui la cathédrale Notre-Dame ? Il faut avouer que les fouilles entreprises sur l'île au 19e s., ainsi que celles effectuées à la fin du 20e siècle, n'ont pas livré de structures et de mobilier antérieurs à la conquête romaine, si ce n'est récemment la découverte de fonds de cabanes circulaires de 5 m de diamètre et d'un canal divisant l'île en deux. Ces dernières investigations ont permis de démontrer que le niveau du sol à l'époque celtique était alors inférieur de 6 m par rapport au sol actuel; quand on sait la violence des crues de la Seine, de nos jours encore, il est facile d'imaginer les dommages irrémédiables créés par l'érosion des sols. Si l'île de la Cité reste à l'heure actuelle le lieu possible de l'oppidum recherché, il n'est pas exclu qu'il se trouve ailleurs - à Nanterre peut-être -, à douze km en aval de l'île de la Cité, dans un des larges méandres de la Seine où une agglomération a été repérée, avec présence d'ateliers et de constructions sur pilotis.

Un ultime combat

Si la guerre des Gaules débute en 58 av. J.-C. avec l'intervention de Jules César pour refouler les Helvètes vers leur territoire après leur tentative d'émigration, ce n'est que vers la fin du conflit qu'entre en scène la tribu des Parisii. Au printemps 53, César convoque l'assemblée des Gaules, réunissant les représentants des cités gauloises; comme à cette occasion les Sénons, Carnutes et Trévires s'abstiennent de se déplacer, César considère cet acte comme une tentative de révolte; il transporte alors l'assemblée à Lutèce, cité des Parisii, qui avaient une frontière commune avec les Sénons, pour faire pression sur ces derniers, dont il obtient finalement la soumission.

Cependant, en 52, à l'instigation de Vercingétorix, les tribus gauloises se soulèvent contre l'occupant romain. Les Parisii décident de battre monnaie pour alimenter le trésor de guerre de Vercingétorix et dévaluent leur monnaie d'or pour en produire davantage. Ainsi, de 2'173 statères produits avec 10 kilos d'or avant le soulèvement, ils en frappent le double avec le même poids. César réagit face à cette insurrection et après avoir investi la ville de Bourges, y perpétuant un massacre, décide de scinder son armée en deux ; il octroie quatre légions - 24'000 hommes - et une partie de la cavalerie à son lieutenant Labienus pour aller combattre les Sénons et les Parisii, lui-même se réservant six légions et le reste de la cavalerie pour se diriger vers Gergovie, oppidum de Vercingétorix, en territoire arverne.

Labienus, après avoir occupé la cité de Sens, longe la rive gauche de la Seine pour atteindre Lutèce. Un marais fortement défendu par les guerriers gaulois et leur chef Camulogène - de Camulos, " le puissant ", un des surnoms du dieu gaulois de la guerre - l'oblige à faire demi-tour sur Melun, ville des Sénons établie sur une île de la Seine. Il l'occupe par surprise, traverse le fleuve et, suivant désormais la rive droite, revient sur Lutèce, où il établit son camp du côté nord. Entre-temps, les Parisii, avertis du retour de leur adversaire, ont fait brûler les ponts et la cité, et s'installent au sud du fleuve. A la faveur de la nuit, et après avoir fait croire à une retraite de ses légions, l'armée de Labienus franchit la Seine. L'aube se lève, la première bataille de Paris commence...
Mais laissons à César le soin de nous relater ce combat :

" Aux premières lueurs du jour, tous les nôtres avaient été transportés de l'autre côté du fleuve et l'on apercevait la ligne ennemie. Labienus exhorta ses soldats à se souvenir de leur vaillance passée et de leurs combats les plus heureux, et enfin à se conduire comme si César, qui souvent les avaient menés à la victoire contre de nombreux ennemis, était présent en personne ; puis, il donne le signal du combat. Au premier choc, à l'aile droite où avait pris position la septième légion, les ennemis sont enfoncés et mis en fuite ; à gauche, où se tenait la douzième légion, les premiers rangs ennemis, transpercés par les javelots, s'étaient abattus, mais les autres résistaient avec un très grand acharnement, et personne ne paraissait songer à la fuite. Le chef ennemi en personne, Camulogène, était avec les siens et les exhortait. Mais, alors que l'issue du combat était encore incertaine, les tribuns de la septième légion, informés de ce qui se passait à l'aile gauche, firent paraître leur légion sur les arrières de l'ennemi et la lancèrent à l'attaque. Même à ce moment, personne ne céda du terrain, mais tous furent encerclés et massacrés. Camulogène subit le

même sort. De leur côté, ceux qui étaient restés postés en face du camp de Labienus, ayant appris que la bataille était engagée, allèrent au secours des leurs et prirent une colline, mais ne purent soutenir l'assaut de nos soldats victorieux. Mêlés ainsi à leurs compagnons qui fuyaient, les Gaulois que les bois et les collines n'abritèrent pas furent tués par nos cavaliers. Cette affaire terminée, Labienus (...) rejoint César" (César, *De bello Gallico,* VII, 62; traduction : D. Morel).

Quant à identifier le lieu précis où se déroula cette bataille, le texte de César n'apporte aucune précision topographique qui permettrait de le situer. Mais la guerre des Gaules nous apprend encore que, dans un dernier sursaut d'orgueil, les Parisii envoyèrent en renfort huit mille hommes armés à Vercingétorix assiégé dans son oppidum d'Alésia.

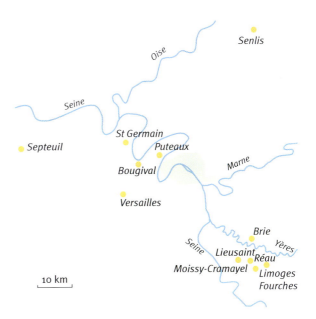

Plan de répartition des monnaies d'or des Parisii découvertes dans la région parisienne

Hervé Miéville

archéologue au Laténium

Fluctuat et vivit : Paris à l'époque romaine

Comment ne pas proposer cette locution pour résumer les aspects essentiels de la vie quotidienne à Lutèce ? C'est avant tout la Seine, de par son rôle économique et stratégique, qui sera le fil conducteur, la veine nourricière de la ville, dès la période protohistorique sans doute et jusqu'à la fin de l'Empire romain. Si les dates font souvent défaut pour situer les événements du Paris antique, il en existe une cependant, à une phase encore relativement précoce de l'urbanisation proprement dite : celle suggérée par l'inscription sur le pilier des nautes (elle mentionne l'empereur Tibère); son érection, peut-être dans l'île de la Cité, devrait donc se situer vers le début du deuxième quart du 1er siècle de notre ère ; cette époque - précoce pour ce qui concerne l'Antiquité à Paris - apparaît donc marquée économiquement par le prestige de ces nautes, ces "marchands de l'eau" comme on peut les appeler, qui semblent bien détenir une bonne partie du commerce de Lutèce. On peut d'ailleurs supposer raisonnablement que cette activité fluviale était déjà bien développée durant la période gauloise et, d'une façon plus générale, à l'âge du Fer ; il faut rappeler que la tribu des Parisii, implantée sur le territoire du même nom (région parisienne actuelle) depuis au moins le 2e siècle avant notre ère, avait bénéficié d'une économie solide, dont l'illustration la plus remarquable demeure pour nous le monnayage d'or, c'est-à-dire les célèbres statères de ces Parisii. Quoi qu'il en soit, l'existence d'un pilier des nautes aux faces sculptées et avec dédicace permet d'imaginer le rôle déterminant de ce qu'on pourrait considérer comme une sorte de corporation fluviale au sein d'une cité comme Lutèce.

Egalement en liens étroits avec le thème majeur de la Seine, on doit nécessairement mentionner la présence étonnante de quatre consoles en forme de proues de bateaux qui ornent la retombée des voûtes, admirablement conservées jusqu'à nos jours, à l'intérieur du *frigidarium* des thermes de Cluny. C'est le seul bâtiment du Paris antique qui soit parvenu jusqu'à nous, hormis une partie reconstituée du théâtre-amphithéâtre de la rue Monge. Ces consoles sculptées nous confirment encore, du moins pour le Haut-Empire, l'image de marque de ces bateliers de la Seine. S'agit-il ici d'un symbole, intégré de façon marquée dans la construction des thermes de Lutèce ? Ces nautes, implantés dans la ville depuis déjà plusieurs générations, ont-ils fait preuve d'une sorte de mécénat d'Etat avant la lettre en participant directement à l'édification de ces salles des thermes, bâtiment à caractère éminemment civil ? Ces hypothèses demeurent toutefois difficiles à étayer.

L'importance de l'instrumentum

Une grande partie du matériel issu des fouilles tant anciennes que récentes, et daté avec certitude de l'époque gallo-romaine, témoigne des échanges commerciaux et, en tout cas, de l'apport d'un mobilier (au sens large) très varié dans la vie quotidienne des Lutéciens, que l'on nomme *instrumentum* : céramique sigillée, céramiques communes ou à parois fines, verreries, statuettes et récipients en bronze, figurines de terre blanche, certains outils (comme des ciseaux et marteaux arrache-clous en fer), objets de parure. Si l'on peut admettre raisonnablement que

Chenet en terre cuite (époque romaine, 1er siècle), orné de diverses gravures sur les flancs, découvert au Parvis de Notre-Dame. La partie supérieure, cassée, était décorée d'une tête de bélier (hauteur : 38,5cm)

ces marchandises ont dû parvenir souvent à Lutèce par voie fluviale, il ne faut pas sous-estimer pour autant le rôle des routes, qu'elles viennent du sud, de l'est ou même du nord. Cette ville de Gaule septentrionale est indéniablement un carrefour. L'une de ses voies les plus anciennes est celle dite d'Orléans, allant en fait de l'Espagne à la Germanie ; mais durant l'époque romaine, la route de l'Italie demeure, de toute évidence, l'une des plus importantes, passant entre autres par Melun, Sens, puis Lyon. Vers l'ouest et le sud-ouest (Dreux, Chartres), les routes sont également connues et souvent utilisées. Il faut tenir compte aussi de l'axe est-ouest, correspondant à la Seine : le fleuve, dont la traversée pouvait être difficile, a sans doute été longé, dès avant l'époque gallo-romaine, par des voies sur chacune de ses rives, utilisées peut-être aussi comme des chemins de halage (fonction bien connue, mais plus tard dans l'histoire). Lutèce apparaît en définitive comme étant un point de passage obligé de tous ces axes.

Le domaine des métiers est parfois bien illustré par la découverte, au sein d'une nécropole, ici d'une stèle de forgeron (ou du dieu Vulcain), là d'une inscription funéraire citant " *Geminius, fils de Solimarus, tailleur* ", là encore de l'épitaphe d'un soldat vétéran Ursinianus, mort à soixante-cinq ans. Mais l'un des ensembles les plus exceptionnels reste cette trousse de chirurgien-médecin du 3e siècle, comprenant pas moins de 34 objets et instruments, la plupart en bronze, remarquablement conservés, et 74 monnaies qui ont permis de dater l'inhumation de ce médecin, sans doute très connu de son temps, vers 275.

La céramique sigillée : apport commercial et critère de topochronologie urbaine

S'il est un produit, lors de cette période gallo-romaine, qui représente ce que pouvaient être les courants commerciaux de moyenne distance, c'est bien la céramique sigillée : l'origine de ces importations, à caractère plus ou moins systématique, est relativement bien connue grâce à la localisation régionale des différents ateliers de production. C'est d'abord de la région d'Arezzo en Italie du nord, puis de La Graufesenque (actuel Aveyron), ainsi que de la région lyonnaise que proviennent ces récipients à décor moulé et engobe rouge-orangé, utilisés dans la vie de tous les jours par les habitants de Lutèce vers la fin du 1er siècle avant notre ère et pendant les deux siècles suivants.

Plan de répartition des céramiques sigillées découvertes en ville de Paris

Les importations italiques

Malgré la relative rareté des exemples de céramique arétine provenant du sous-sol parisien, il y a deux raisons au moins pour lesquelles elle apparaît importante : d'un point de vue typologique d'abord, si l'on prend l'exemple du fragment de calice, décoré d'un motif de Victoire ailée et signé COM(m)VNIS; cette marque est connue comme étant celle d'un ouvrier de l'atelier du potier d'Arezzo CISPIVS. La pièce, dont les exemples répertoriés demeurent rares en Italie et surtout en Gaule, fut mise au jour dans l'île de la Cité, lors des importantes fouilles de l'ancien Hôtel-Dieu en 1867.

D'un point de vue topochronologique ensuite, si ces productions italiques - elles sont peut-être plus le reflet d'un transport épisodique que d'un véritable commerce régulier - ont été trouvées dans l'île, elles furent aussi reconnues dans des niveaux d'occupation au sommet de la montagne Sainte-Geneviève. En plus d'un exemple de coupelle à décor de spirales en applique (place Sainte-Geneviève ?), conservé au musée Carnavalet, il faut citer la présence de nombreux tessons, issus également des productions d'Arezzo, qui ont été recueillis dans des fosses d'époque augustéenne (fouilles A. Bouthier, 1971, au n°15 de la rue Cujas). Ces différents éléments permettent ainsi de supposer que, dès la fin du 1er siècle avant notre ère, la rive gauche était bel et bien occupée et peut-être déjà en voie d'urbanisation, aussi bien que pouvait l'être l'île de la Cité.

Les grandes diffusions depuis la Gaule du sud

Dans le courant du 1er siècle après J.-C., les importations de sigillées fabriquées dans les ateliers de La Graufesenque paraissent se développer nettement, comme peuvent l'illustrer de nombreux tessons à décor moulé qui proviennent de différentes zones de la ville du Haut-Empire : on pourra prendre aussi comme exemple un ensemble homogène de tessons, récemment étudié à la suite des fouilles du parvis Notre-Dame, qui a été daté de la période claudio-néronienne (vers le milieu du 1er siècle).

Les productions semi-industrialisées du Centre et du Centre-est

Au siècle suivant, le centre de gravité de cette activité artisanale s'est déplacé vers le Centre et le Centre-est de la Gaule (ateliers de Lezoux dans le Massif central, mais aussi dans la vallée du Rhône); dès lors, on constate une certaine profusion de ces récipients, fabriqués en grande quantité et utilisés sans doute dans de nombreux foyers de Lutèce, comme dans les autres villes de Gaule : coupes, assiettes, jattes, bols, gobelets. Les formes étaient si standardisées que l'on pense à de véritables séries; mais peut-elle être considérée vraiment comme une vaisselle de semi-luxe, par le simple fait que ses motifs décoratifs étaient variés, que sa couleur rouge-orangé avait une surface brillante et que les signatures des potiers étaient apposées sur ces céramiques? Sans doute pas, puisqu'elle était par exemple largement présente dans les camps militaires du *limes*. Certains ateliers du Centre-est (vallée du Rhône ?) ont fait parvenir à

Verres soufflés du 4ᵉ siècle. Fouilles des quartiers Sainte-Geneviève, Saint-Marcel et de l'Observatoire (19ᵉ et début 20ᵉ siècles) (diamètre du gobelet : 7,3cm)

Epingles en os (époque romaine, 4ᵉ siècle) : fouilles rue de Lutèce (1986/87) et de l'Hôtel Dieu (1867). Cuiller et étui de peigne en os (longueur 11cm)

Lutèce des exemples de leur production : citons à ce propos un gobelet à médaillon d'applique (motif de trophée), daté du 2e siècle et qui fut trouvé rue Gay-Lussac en 1904. Pendant tout le Haut-Empire et jusque vers le milieu du 3e siècle, la céramique sigillée continue d'être importée de ces différentes officines.

Les conditions de l'habitat demeurent mal connues à Lutèce, étant donné la multiplication des constructions postérieures dans les différents quartiers de la ville. Aussi ne peut-on, comme l'écrit C. Bémont, " *évaluer réellement, à partir des proportions et de la qualité du mobilier de luxe, la prospérité des habitants ou l'opulence de la ville* ". Cela étant, des fouilles significatives, menées notamment par la Commission du Vieux Paris, se sont succédé durant les années 1980 et 1990 dans différents quartiers de la rive gauche : des *insulae,* jusque là non délimitées, ont pu être nettement précisées et des maisons d'habitation nous ont livré différents types de décors muraux (enduits peints sur mortier, frises de plâtre et de coquillages en relief), de nombreux objets présents dans la vie quotidienne gallo-romaine et des ensembles de monnaies datant relativement bien les niveaux d'occupation.

La production de qualité inférieure dans les ateliers de l'Est

A partir de 250 environ et jusqu'à la fin du Bas-Empire, la physionomie urbaine et les conditions économiques de Lutèce se modifient sensiblement ; en effet, le relais des productions de sigillées est alors en grande partie repris par les ateliers de l'est de la Gaule (Argonne en particulier) qui fournissent des récipients divers à l'aspect très différent : pâte orangée plus claire, cuissons irrégulières, bols à panse souvent carénée comportant des décors à la molette, cruches ornées de motifs ondés ou rectilignes, notamment peints en blanc. Parallèlement à cette modification des circuits commerciaux, un autre état de fait, plus spectaculaire encore, peut être constaté dans l'occupation urbaine : les habitats s'amoindrissent nettement sur la rive gauche, tandis que l'île de la Cité, cernée d'un rempart dès les toutes premières années du 4e siècle, paraît contenir une partie importante de la population, témoin cet ensemble de tessons de poteries d'Argonne, plus concentrés dans l'île que partout ailleurs.

En définitive, si l'étude de l'ensemble de la céramique sigillée de Lutèce ne fait que confirmer, dans une certaine mesure, la situation commerciale connue dans de nombreuses autres villes de Gaule à l'époque antique, ces constatations permettent d'évaluer, une fois de plus, le rôle de facteur chronologique de cette céramique.

La découverte des ateliers de potiers dans la ville

En 1974, deux premiers fours de potier furent découverts à côté de l'actuel palais du Sénat, dans une zone qui devait correspondre à un quartier occidental de la ville antique ; dans le remplissage et au contact de la sole du four furent dégagés de nombreux fragments d'assiettes et de vases ovoïdes, témoins d'une production du 2e siècle. Plus récemment, un autre exemple, particulièrement bien conservé et maintenu *in situ,* fut mis au jour à proximité du *cardo* et à la limite méridionale de l'agglomération antique : une production importante, datant de la dernière fournée au cours du 3e siècle, nous a livré des dizaines d'assiettes, de gobelets et de vases miniatures en céramique commune. En 1997 enfin, cette fois sur la rive droite, dans une zone sans doute peu urbanisée, le premier atelier de production d'amphores et de céramiques de Lutèce (3ᵉ siècle) est découvert. D'après ces différents lieux de fouille, on peut supposer que ces fours d'artisans avaient été implantés à l'extérieur des quartiers d'habitation et notamment dans l'aire non aedificandi du *pomoerium* (zone au-delà de laquelle s'étendaient les nécropoles).

La diversité des objets quotidiens

Le petit monde de l'*instrumentum* comprend également d'autres ensembles, dont les verreries, encore fort mal connues, notamment pour ce qui concerne leur lieu de fabrication; à Lutèce, mis à part les exemples retrouvés en contexte funéraire, seuls quelques fragments de récipients, le plus souvent datés du Haut-Empire, proviennent des zones urbanisées de la rive gauche et de la partie orientale de l'île de la Cité : bouteilles, balsamaires et flacons, destinés à contenir boissons ou parfums.

Dans certains cas très particuliers, on a même pu déterminer de façon précise la fonction du récipient, caractérisé plus par sa forme que par sa typologie : c'est le cas de cette gourde annulaire de terre cuite, d'un type peu répandu, datée du Bas-Empire et qui comporte, sur ses deux côtés, une inscription en latin, peinte en blanc ; les deux phrases aisément traduites sont " *Hôtesse, remplis ma gourde de cervoise ! *" et " *Patron, as-tu du vin relevé ? - Il y en a - Remplis, donne ! *". Il s'agit bien ici d'un vase à boire sur lequel un habitant de Lutèce avait voulu noter les paroles du consommateur dans un débit de boissons.

L'existence de cette gourde, découverte en 1867 lors des fouilles de l'ancien Hôtel-Dieu dans l'île de la Cité, nous montre qu'à Lutèce, on buvait de la bière et du vin, comme dans les autres villes de Gaule.

Les figurines de terre cuite constituent aussi un ensemble caractéristique de la période gallo-romaine : fabriquées au moule à partir d'un archétype, elles nous offrent notamment des représentations de divinités et d'animaux. Selon qu'il s'agit de Vénus dite anadyomène (c'est à dire " issue de l'eau "), d'une déesse-mère allaitant, d'un cheval, d'un coq, d'une tête de bélier ou d'un canard dans une nacelle, on peut y voir des exemples d'offrandes et d'ex-voto, ou bien des sortes de bibelots et, pourquoi pas, des jouets d'enfants. Comme pour les verreries et les nombreux objets de bronze, se pose le problème de l'origine de ces productions ; néanmoins, pour plusieurs de ces figurines, en particulier les Vénus anadyomènes et les déesses-mères, on a pu savoir qu'elles étaient faites en terre blanche de l'Allier et localiser ainsi des ateliers de fabrication, tels celui de Saint-Pourçain et de Toulon-sur-Allier. Actuellement une certaine systématisation des analyses physico-chimiques réalisées en laboratoire permet de mettre en évidence, de plus en plus précisément, le rapport qui peut exister entre la composition et la typologie de ces objets de terre cuite.

Objets de toilette et de parure sont bien présents, comme ailleurs, chez les Gallo-Romains de Lutèce

De nombreux petits objets, en bronze pour la plupart et datés de la période antique, ont été trouvés également dans le sous-sol parisien; ils témoignent là encore des aspects de la vie quotidienne au Haut-

Empire comme au Bas-Empire. On peut aisément imaginer, par exemple, que divers ustensiles de métal, d'os, de bois ou de pierre voisinaient avec de petits récipients en verre sur la table de toilette du citadin aisé de Lutèce : peignes, épingles à cheveux, pinces à épiler, curettes à extrémité bifide, pierres ponces, mortiers et pilons, cuillers à onguent, bâtonnets et spatules à fard ; les miroirs en bronze sont connus notamment par un exemple trouvé dans une tombe du Haut-Empire de la nécropole du faubourg Saint-Jacques : la face concave est gravée du motif des deux célèbres Dioscures en tunique. En ce qui concerne le petit mobilier en os (et très rarement en ivoire), on doit noter l'importance de certaines recherches récentes qui regroupent cet ensemble sous le terme de tabletterie. Les fouilles de 1987, en plein centre de l'île de la Cité (rue de Lutèce), ont notamment livré des peignes à décor d'ocelles et surtout un ensemble spectaculaire d'épingles, dont plusieurs à différentes étapes de leur fabrication, ce qui laisse à penser qu'il existait un atelier d'épinglier sur place, œuvrant sans doute au 4e siècle.

La fibule, noble ancêtre de notre épingle à nourrice

Le vêtement des habitants de Lutèce, suggéré seulement par quelques rares détails visibles sur des stèles de défunts, reste surtout évoqué grâce à la diversité de ses fibules, indispensables au maintien du pan des étoffes et de leurs plis; la grande variété de leurs formes a d'ailleurs fait l'objet, depuis longtemps, d'une typologie détaillée qui permet de les dater avec une précision relative : d'une manière générale, les modèles de fibules provenant du sous-sol parisien et conservées au musée Carnavalet comportent un ressort nu ou protégé, ou bien sont à charnière, ces objets s'échelonnant de la période augustéenne au Bas-Empire. Si certains exemplaires paraissent plus tenir d'une simple épingle à but purement fonctionnel, beaucoup de ces fibules apparaissent comme étant de véritables broches décoratives : le type à ressort protégé comprend en particulier des séries dites " à queue de paon ", bien attestées en Gaule durant tout le 1er siècle de notre ère. L'une de ces fibules à plaque circulaire rhomboïde fut trouvée en 1882, rue de l'Abbé-de-l'Epée, dans la zone méridionale des quartiers de la rive gauche, sans doute urbanisée dès le Haut-Empire. Un autre ensemble, relativement varié, présente une surface parfois émaillée et un système de charnière plus élaboré : c'est le cas des fibules zoomorphes, le plus souvent antérieures au 4e siècle, dont l'arc est surmonté de deux plaquettes perforées que traverse une goupille; parmi certains exemples, on notera plus particulièrement des fibules skeuomorphes (du grec *skeuos* : tout objet d'équipement) ou delphiniformes, et d'autres représentant des coqs affrontés, un lapin, un éléphant même. Durant le Bas-Empire et ce jusqu'au 5e siècle, le style de ces objets de parure et leur fonction se modifient sensiblement : de nombreuses fibules en bronze parfois doré et de type cruciforme, aux extrémités en bulbe d'oignon, vont se multiplier dans toutes les provinces de l'Empire et jusqu'au-delà du *limes* ; on sait que ces accessoires vestimentaires étaient exclusivement réservés aux hommes, notamment aux vétérans de l'armée et aux hauts fonctionnaires. A Paris, plusieurs de ces fibules furent trouvées associées à des inhumations, datées du Bas-Empire, dans l'ancienne nécropole Saint-Marcel, tandis qu'un autre exemple rarissime en tôle d'or fin (deuxième moitié du 4e siècle) fut retrouvé dans le cours de la Seine.

Mais on connaît également d'autres objets de parure, souvent datés de l'Antiquité tardive et accompagnant le défunt dans sa sépulture : bracelets torsadés ou à décor guilloché, boucles de ceinture comportant par exemple un ardillon zoomorphe et pendants de ceinture; l'un à décor gravé d'un motif hexagonal inscrit dans un cercle, l'autre surtout dont le médaillon, à contour perlé, offre sur une face la représentation du prophète Daniel accosté de deux lions; au revers, un motif de quatre feuilles de vigne opposées par la pointe. Dans des contextes d'habitat de la rive gauche, les recherches de la Commission du Vieux Paris ont par ailleurs livré des exemples d'intailles du 1er siècle en sardoine, cornaline ou chrysoprase (Eros tenant une houe, ménade du cortège dionysiaque, bœuf et capridé). Enfin, les éléments d'un collier en or, lapis-lazuli et nacre furent trouvés lors des fouilles du théâtre-amphithéâtre : le caractère fortuit de cette découverte ne permet pas de formuler des hypothèses quant au contexte archéologique dans lequel cet objet se situait.

La monnaie, vecteur des échanges

Comme il n'existe pas de sources de référence permettant d'apprécier l'importance des échanges commerciaux fondés sur le troc et de savoir dans quelles mesures celui-ci a pu perdurer après la fin de l'époque protohistorique, il demeure difficile de connaître le rôle effectif de la circulation monétaire. Cela dit, on ne peut sous-estimer l'importance de ce qu'on appelle les monnaies de fouille, trouvées en nombre respectable dans les différents niveaux dégagés aussi bien dans l'île de la Cité que sur la montagne Sainte-Geneviève, ce durant les 19e et 20e siècles. Ces monnaies ne peuvent que confirmer, dans une certaine mesure, la réalité topographique de la ville de Lutèce pendant la période gallo-romaine.

Un autre aspect non moins important de la conjoncture économique de la cité est l'existence de plusieurs " trésors " monétaires, ensembles clos qui permettent avant tout d'établir des *terminus ante quem* en rapport avec les dates de règne des empereurs concernés. On a pu relever quinze " trésors " à l'intérieur du périmètre de la ville antique : parmi quatre ensembles de monnaies d'or, trois sont datés du Haut-Empire. Au cours du 3e siècle pourtant, le métal précieux semble disparaître, ce qui peut faire admettre un certain appauvrissement économique de Lutèce : dix dépôts en argent et en bronze nous sont actuellement connus, enfouis entre les règnes d'Alexandre-Sévère et de Probus. Quant au 4e siècle, il ne nous révèle qu'un seul " trésor " trouvé rue Saint-Jacques, à proximité du forum et au sein d'une zone d'habitation nettement plus restreinte. D'une manière générale, il est à noter que le terme de " trésor ", quoique admis par la plupart des auteurs, ne convient pas nécessairement du point de vue de l'histoire économique : en effet, l'idée que les populations enfouissaient systématiquement leurs biens pécuniaires lors des troubles politiques en Gaule reste à nuancer. Il faut notamment distinguer un " trésor " dit de circulation d'un " trésor " de thésaurisation. N'oublions pas de citer un dernier cas particulier d'utilisation d'une monnaie : la coutume de l' " obole à Charon ", très répandue dans l'Antiquité, consistait à placer une pièce de bronze dans la tombe et, plus spécialement, dans la bouche du défunt ; l'obole permettait à l'âme de franchir le Styx dans l'au-delà. Plusieurs exemples existent dans les nécropoles de Lutèce.

Le mobilier domestique nous est partiellement connu

Quelques structures de maisons, datées des 2e ou 3e siècles, ont été mises au jour depuis une quinzaine d'années dans différents quartiers de la butte Sainte-Geneviève, en particulier dans le voisinage du *cardo* (rue Saint-Jacques). On peut citer d'abord un objet de terre cuite, à caractère plutôt exceptionnel, découvert lors des fouilles anciennes du parvis Notre-Dame : d'après les quelques comparaisons qui peuvent être établies avec d'autres exemples, il s'agirait d'un chenet; avait-il effectivement servi dans le foyer d'une cheminée ? On ne peut que souligner sa provenance, dans cette île de la Cité où les quartiers d'habitation s'étaient développés dès le 1er siècle de notre ère. L'objet, de section pyramidale, comporte un décor incisé en forme de toits; à son sommet, les bords ont gardé des fragments de relief en forme de cornes de bélier. Quant au mobilier de bronze, on doit mentionner quelques lampes, clés et plaque de serrure, poignées et anse de récipients, plat, jatte, casserole, situles, cuillers, mais également charnière, cornières, agrafe, clavette, pieds de petit meuble et de candélabre.

Plus répandues sont les charnières de meuble en os tourné et percé, ainsi que les lampes en terre cuite moulée qui permettaient d'éclairer les différentes pièces de la maison, mais aussi les niches et laraires; au cours des nombreuses fouilles effectuées dans la capitale, plusieurs exemplaires, trouvés plus particulièrement dans les quartiers de la montagne Sainte-Geneviève, ont pu être datés du 1er au 4e siècle de notre ère. Un certain nombre de modèles classiques, bien connus dans l'Occident romain, ont ainsi été importés à Lutèce et utilisés quotidiennement par les habitants de la ville (lampes du 1er siècle à bec accosté de volutes, par exemple).

Ainsi Lutèce, dont l'urbanisation débuta sans doute au cours du 1er siècle de notre ère, demeura-t-elle une ville d'importance moyenne dans le contexte de la Gaule du nord; elle n'en a pas moins livré, et continue de le faire, une documentation archéologique imposante dont la synthèse est souvent difficile à mettre au point, étant donné les grandes perturbations de l'urbanisme médiéval et moderne qui a suivi.

Philippe Velay

conservateur en chef du Patrimoine de la Ville de Paris chargé des Collections archéologiques au Musée Carnavalet

avec la collaboration de

Charlotte Lacour-Veyranne

attachée de conservation au Musée Carnavalet

Blocs sculptés en calcaire avec frises représentant, en haut, une scène de négoce (longueur : 123cm ; fouille 1908 au Tribunal de Commerce); en bas, un trophée d'armes (fouilles 1883 sur l'île de la Cité ; longueur : 133cm)

Clovis à Paris

Les *Récits des temps mérovingiens* d'Augustin Thierry (1835 et 1840) ne pouvaient guère s'appuyer sur les résultats de fouilles archéologiques, à part la découverte du tombeau de Childéric, père de Clovis, à Tournai en 1653. Or les trouvailles livrées par le sous-sol représentent un complément indispensable à l'*Histoire des Francs* de Grégoire de Tours, qui vécut de 538 à 594 environ.

A Paris, la récolte systématique des données archéologiques n'a débuté qu'au milieu du 19e siècle, grâce à l'activité infatigable de Théodore Vacquer (1824 - 1899). C'est à lui et à ses successeurs de la Commission du Vieux Paris, parmi lesquels il convient d'évoquer Michel Fleury, que l'on doit l'essentiel des informations sur la topographie de la ville romaine et du Haut Moyen Age. Tâche de longue haleine, jamais achevée, d'autant plus difficile à mener que les caves, tunnels de métros et canalisations sont peu favorables à la conservation du tissu urbain des origines.

Clovis régna de 481 (ou 482) à 511 ; comme ses prédécesseurs et successeurs directs, c'était un *Franc*, nom du peuple germanique auquel il appartenait, et un *Mérovingien*, appellation dynastique. Grégoire de Tours relate qu'après avoir vaincu les Wisigoths entre Loire et Pyrénées en 507, il reçut les insignes consulaires conférés par Anastase, empereur d'Orient : toge pourpre et diadème d'or. *" Puis il quitta Tours pour venir à Paris et y fixa le siège du royaume "* (*Histoire des Francs,* II, 37-38).

Plusieurs circonstances favorisèrent l'intégration progressivement réussie des mondes franc et gallo-romain : contacts anciens dûs au mercenariat ; conversion de Clovis au catholicisme orthodoxe et non à " l'hérésie arienne " des Burgondes ou des Wisigoths, ce qui lui valut le soutien de l'évêque de Rome ; en 486 déjà, conquête du territoire administré par Syagrius, maître de la milice, dernier représentant du pouvoir romain entre Loire et Somme. A sa mort, Clovis dominait la plus grande partie de la Gaule.

Ses fils Thierry, Clodomir, Childebert - roi de Paris de 511 à 558 - et Clotaire poursuivirent son œuvre, conquérant Provence et Burgondie. Les fils de Clotaire - Chilpéric, qui épousa Frédégonde ; Sigebert, époux de Brunehaut ; Caribert, Gontran - se disputèrent leurs droits sur Paris. Unification, partage, réunification, nouveau partage scandent l'histoire des Mérovingiens, dont la chanson a surtout retenu la personnalité de Dagobert Ier, roi de 629 à 638.

A priori, on aurait pu croire la ville mérovingienne de Paris réduite à l'île de la Cité. Or il n'en est rien. S'il est difficile de délimiter les zones d'habitation, qui ne laissent que des traces à peine décelables, le nombre d'églises est impressionnant : onze sur la rive gauche, cinq sur la rive droite, sans compter la cathédrale Saint-Etienne, élevée en partie sur le rempart, et le baptistère Saint-Jean le Rond, tous deux sur l'île de la Cité. Les fouilles du parvis Notre-Dame ont montré l'immensité de la cathédrale, dont la construction est attribuée à Childebert Ier ; doté de cinq nefs, large de plus de 36 mètres, c'était l'un des plus grands édi-

Panneau de tête de sarcophage en plâtre moulé (Haut Moyen Age). Le motif comporte une croix et deux colombes de part et d'autre d'une palme (longueur : 71cm)

fices religieux de France. Les cimetières associés à ces constructions ont livré des milliers de sépultures. Manifestement, le développement d'une population évaluée à 10'000, voire 20'000 habitants fut lié aux fondations nouvelles, notamment sur la rive droite, tandis que se maintenait la bipolarité Cité - rive gauche.

L'axe de l'actuelle rue Saint-Jacques continue à jouer le rôle de *cardo*, transversale nord-sud, qu'il jouait à l'époque gallo-romaine. Grand Pont et Petit Pont relient l'île fortifiée aux deux rives du fleuve sur lequel circulent des chalands transportant des marchandises de provenance parfois lointaine, tels les sarcophages en calcaire dont l'origine est en Champagne ou en Bourgogne. Au nord, des routes mènent en Belgique et vers la Manche ; au sud-ouest, vers Orléans, la Loire, les Pyrénées, l'Espagne ; à l'est, vers Metz et la Germanie ; au sud-est, vers Lyon, le Plateau suisse, l'Italie.

Dominant la rive gauche, la montagne Sainte-Geneviève est couronnée par l'église des Saints-Apôtres, édifiée par la reine Clotilde à la mémoire de Clovis, son défunt mari. Autres églises importantes : la basilique Sainte-Croix - Saint-Vincent, qui deviendra Saint-Germain-des-Prés ; Saint-Séverin; Saint-Julien le Pauvre. Quant à l'église Saint-Marcel, proche de la Bièvre, il semble qu'elle existait au 4e siècle déjà ; sur trois ou quatre niveaux, la nécropole qui l'entoure, aux alentours du carrefour des Gobelins, témoigne de son importance exceptionnelle.

La réutilisation de certains grands édifices antérieurs est probable : " arènes " de la rue de Navarre, thermes de Cluny, forum de la rue Soufflot, même si leurs fonctions ne sont plus les mêmes. *" Tout cela devait former, autour des lieux de culte et avec eux, un tissu urbain, lâche assurément, mais assez homogène pour constituer une véritable ville, non une banlieue déserte où se seraient élevés des bâtiments isolés. Sinon où aurait-on pu loger la population de Paris, que nous ne pouvons mesurer, mais qui était assurément trop nombreuse pour tenir dans la Cité qu'encombraient le palais du roi, celui de l'évêque, les églises et leurs " maisons ", la prison, les boutiques des marchands ? "* (Fleury 1961, p.81).

Une inondation catastrophique (582), un grand incendie (585) sont restés dans les mémoires.

Le savoir-faire des artisans mérovingiens est amplement attesté à Paris, que ce soit par la sculpture des chapiteaux, le modelage figuratif en terre cuite des bordures de toits, la fabrication de peignes en os, la céramique, le monnayage, l'orfèvrerie. L'art du grand Saint-Eloi et de ses maîtres offre plusieurs chefs-d'œuvre : fibules et plaques-boucles de ceinture, en or cloisonné serti de grenats, en bronze, en fer damasquiné. Un ensemble éblouissant est apparu récemment à l'occasion des fouilles entreprises dans la basilique royale de Saint-Denis (Seine - Saint-Denis).

Une forme d'art peu connue en Europe est abondamment représentée dans les nécropoles du Haut Moyen Age parisien : le sarcophage en plâtre moulé.

Un gypse d'excellente qualité fut transformé en plâtre, coulé dans un double coffrage de planches ornées, à la tête et aux pieds, de motifs sculptés géométriques ou d'inspiration chrétienne - croix, chrismes, palmes, colombes, Daniel et les lions. Les matrices en bois du plâtrier-tombier resservaient de cimetière en cimetière ; on suppose une fabrication sur le lieu même de l'inhumation.

Deux documents écrits méritent une mention particulière. D'une part, l'épitaphe de Barbara provenant du cimetière Saint-Marcel (5e siècle) :
" A ma très douce épouse et dame Barbara, j'ai fait ce tombeau. Elle a vécu 23 ans, 5 mois, 28 jours. Que la paix soit avec toi ! Vitalis, son époux, a fait apposer [cette épitaphe] " (Musée du Louvre, inv. Ma. 3413).

D'autre part, un long papyrus (Archives nationales, K.4, N° 11). On y lit le plus ancien testament connu en France, datable de 650 environ ; Erminthrude lègue à des églises parisiennes ses terres, ses vases et plats d'or et d'argent, croix, fibules, anneaux, ainsi que deux chars avec bœufs et attelages. Un texte de cet intérêt incite à regretter la disparition d'innombrables documents mérovingiens, mais renforce le caractère irremplaçable des " archives du sous-sol ".

Michel Egloff

directeur du Laténium

Plaques-boucles et contre-plaque de ceinture (époque mérovingienne, seconde moitié du 7ᵉ siècle), en fer damasquiné d'argent (nécropole de Saint-Germain des Prés ; longueur de la pièce du bas : 23cm)

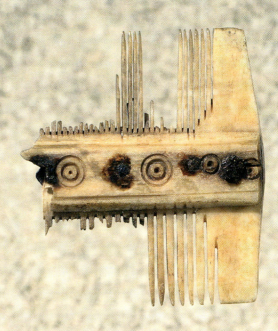

Fibule quadrilobée recouverte d'une tôle d'or (7ᵉ siècle). La partie centrale devait comporter à l'origine une verroterie

Fibule zoomorphe en S (bronze incrusté de verroteries vertes, 6ᵉ siècle)

Plaque-boucle de ceinture (bronze doré et grenats, début 6ᵉ siècle)

Fragment de peigne mérovingien en os

Epingle à tête ajourée portant une nacre (bronze argenté du 6ᵉ-7ᵉ siècle ; hauteur : 6,7cm)

Bibliographie

Monographies

CARBONNIERES de, Ph., 1997. Lutèce : Paris ville romaine. Paris : Découvertes Gallimard.

DUVAL, P.-M., 1961. Paris antique : des origines au 3ème siècle. Paris : Hermann.

DUVAL, P.-M., 1993. De Lutèce oppidum à Paris capitale de la France. Paris : Hachette.

FLEURY, M., 1997. Naissance de Paris.
Paris: Imprimerie nationale.

LANCHON, Y. et MARQUIS Ph., 2000. Le premier village de Paris, il y a 6000 ans : les découvertes archéologiques de Bercy. Paris : Paris-Musées.

LE CLERE, M., (dir.), 1985. Paris de la Préhistoire à nos jours. Saint-Jean-d'Angély : Bordessoules.

SCHMIDT, J., 1986. Lutèce : Paris, des origines à Clovis. Paris : Librairie Académique Perrin.

TUFFREAU-LIBRE, M., 1995. Céramiques communes gallo-romaines. Paris : Paris-Musées.

VELAY, Ph., 2000 (3e éd.). De Lutèce à Paris : l'île et les deux rives. Paris : CNRS éditions.

Catalogues

Catalogue de l'exposition " Lutèce : Paris, de César à Clovis ", 1984. Paris : Société des Amis du Musée Carnavalet.

Catalogue de l'exposition " Paris mérovingien ", Bulletin du Musée Carnavalet, no 1 et 2, 1980. Paris : Société des Amis du Musée Carnavalet.

FLEURY M. et LEPROUX G.-M., 1999. Catalogue de la commission du Vieux Paris 1898-1998 " Cent ans d'histoire de Paris ". Paris : Commission du Vieux Paris.

LANDES, Ch., 1983. Catalogue d'Art et d'Histoire du Musée Carnavalet " Verres gallo-romains ", t. IV. Paris : Société des Amis du Musée Carnavalet.

PERIN, P., (avec la collaboration de Renou L. et Velay Ph.), 1985. Catalogue d'Art et d'Histoire du Musée Carnavalet " Collections mérovingiennes ", t. II. Paris : Société des Amis du Musée Carnavalet.

Revues

Bulletin du Musée Carnavalet, " Paris de la Préhistoire au Moyen Age ", no 1 et 2. Paris : Société des Amis du Musée Carnavalet, 1990.

Les dossiers d'histoire et d'archéologie, " Ile de France, des origines à l'Age du Fer ", no 52.
Dijon : Faton, avril 1981.

Dossiers d'archéologie, " Dans le sol de Paris ", no 7. Dijon : Faton, 1974.

Dossiers d'archéologie, " Paris de Clovis à Dagobert ", no 218. Dijon : Faton, novembre 1996.

Arkéo Junior, " Paris, de la Préhistoire à la tour Eiffel ", no 82, janvier 2002, pp.12-23.

Le Nouvel Observateur, " La Préhistoire en Ile-de-France ", no 1976, Paris, 19 septembre 2002, pp. 10-18.

ERISTOV H. et VAUGIRAUD de, S., " Décors muraux de Lutèce ", in Archéologia, no 387, mars 2002, pp. 46-53.

Pour en savoir plus sur quelques sujets spécialisés

ARNOLD B., 1995 et 1996. " Pirogues monoxyles d'Europe centrale : construction, typologie, évolution ", tome 1 et 2 (Archéologie neuchâteloise, 20 et 21). Neuchâtel : Musée cantonal d'archéologie.

BEDON, R. et al., 1998. " Les villes et leurs faubourgs en Gaule romaine ", Dossiers de l'archéologie no 237, Dijon : Faton, octobre 1998.

BRIARD, J. et DUVAL, A.(dir.), 1993. " Les représentations humaines du Néolithique à l'Âge du Fer ". Actes du 115ᵉ congrès national des sociétés savantes, Paris : C.T.H.S.

DELESTREE, L.-P. et TACHE, M., 2002. " Nouvel Atlas des monnaies gauloises ", vol.1, De la Seine au Rhin. Saint-Germain-en-Laye : Commios.

FISCHER, B., 1981. " Les monnaies gauloises du Musée Carnavalet ", Gallia, t. 39/1, 1981, Paris : CNRS, pp. 182-194.

FLEURY, M., 1961. "Paris du Bas-Empire au début du 13ᵉ siècle", in *Paris, croissance d'une capitale* (actes du colloque). Paris, pp. 73-96.

GINOUX, N. et POUX, M., 2002. " Les Parisii, entre Gaule belgique et Gaule celtique : peuplement et territoire ", in *Territoires celtiques,* GARCIA, D. et VERDIN, F. (dir.), Actes du XXIVᵉ colloque international de l'AFEAF (Martigues, juin 2000). Paris: Errance, pp. 226-243.

GRUEL, K., 1989. " La monnaie chez les Gaulois ". Paris : Errance.

HURAUT J, 1970. "Africains de Guyane. La vie matérielle et l'art des Noirs réfugiés de Guyane ". Paris: La Haye, Mouton (Field reports, 4).

LINARD A., 2001. "Une pirogue monoxyle sur le Léman." Le Chasse-Marée, 147, pp. 58-59.

MOHEN J.-P, 1986-1987. " Les statuettes néolithiques du Fort-Harrouard et le groupe parisien des Vénus ", Antiquités Nationales, no 18-19. Joué-lès-Tours : La Simarre, pp.155-162.

MOHEN J.-P., 1979 " L'histoire de Paris commence à l'Age du Bronze ", in Archéologia, no 136, novembre 1979, pp. 20-29.

VAN DE MOORTEL A., 2000. "The Utrecht ship - was the log boat base expanded ?" Marine Archaeology Newsletter from Roskilde, 14 (June 2000), pp. 36-39.

VELAY, Ph. et al. 2000, " Paris au Néolithique ", Archéologia, no 370, septembre 2000, pp. 16-33.

Catalogue des objets présentés

Vitrine 1 : Chronologie

1 - silex, biface acheuléen
(long. 13,0 cm; larg. 9,1 cm)
Sablières de Levallois-Perret
Paléolithique ancien; PR 3

2 - silex, grattoir
(long. 5,58 cm; larg. 5,39 cm)
Charenton-le-Pont, lit de la Seine
Paléolithique moyen; PR 1191

3 - silex, burin
(long. 4,27 cm; larg. 1,82 cm)
Piscop
Paléolithique supérieur; PR 1305

4 - grès quartzitique, "pic"
(long. 15,0 cm; larg. 5,0 cm)
Piscop
Mésolithique; PR 1332

5 - silex, hache polie
(long. 14,0 cm; larg. 4,95 cm)
Bercy
Néolithique; QS LXVII.25 C21

6 - céramique, écuelle
(long. 12,5 cm; larg. 8,0 cm)
Bercy
Néolithique; 99

7 - bronze, épingle
(long. 11,05 cm; diam. tête 1,3 cm)
20, rue des Fossés-Saint-Jacques, Paris; 1886
Age du Bronze; AM 1/20

8 - bronze, hache
(long. 14,88 cm; larg. 3,8 cm)
Bercy, lit de la Seine; dragages 1877-1880
Age du Bronze; PR 1427

9 - terre cuite, fusaïole
(diam. 4,1 cm; épais. 2,38 cm)
Bercy
Age du Fer, *Hallstatt*
20/CAPVAL II Sd.12 75.112.1

10 - terre cuite, fusaïole
(diam. 3,45 cm; épais. 1,78 cm)
Bercy
Age du Fer, *Hallstatt*
7/QS DV 75.112.2

11 - terre cuite, fusaïole
(diam. 3,65 cm; épais. 1,88 cm)
Bercy
Age du Fer, *Hallstatt*
19/CAPVAL II Z 68 II 75.112.1

12 - bronze, amulette ithyphallique
(haut. 4,7 cm; larg. 2,25 cm)
14, rue Fouarre, Paris; 1879
Romain; AM 1/172

13 - bronze, tête féminine (Vénus ?)
(haut. 4,8 cm; larg. 2,85 cm)
Angle rue d'Ulm/place du Panthéon, Paris; 1898
Romain; AM 1078

14 - verre soufflé, balsamaire
(haut. 7,58 cm; diam. panse 4,0)
Paris
Romain; AV 1/64

15 - fer et argent, plaque de ceinture
(long. 23,0 cm; larg. 11,0 cm)
St-Germain-des-Prés, Paris
Haut Moyen Age; AM 411

Vitrine 2 : Comparaison d'objets néolithiques (Paris et Neuchâtel)

16 - os, pointe sur épiphyse
(long. 16,4 cm; larg. 1,85 cm)
Bercy
331/QS MXII.22 C21

17 - os, pointe sur épiphyse
(long. 16,3 cm; larg. 1,35 cm)
Hauterive-Champréveyres NE
HR-CH-11260

18 - os, pointe sur épiphyse
(long. 12,42 cm; larg. 2,0 cm)
Bercy
293/QS KX DECAP C21

19 - os, pointe sur épiphyse
(long. 13,9 cm; larg. 1,84 cm)
Hauterive-Champréveyres NE
HR-CH-11090

20 - os, biseau
(long. 9,89 cm; larg. 2,16 cm)
Bercy
279/QS LXVIII.08 C21

21 - os, biseau
(long. 8,69 cm; larg. 1,96 cm)
Hauterive-Champréveyres NE
HR-CH-11310

22 - os, pointe sur épiphyse
(long. 8,62 cm; larg.1,29 cm)
Bercy
359/QS NXIX.15 C15

23 - os, pointe sur épiphyse
(long. 4,85 cm; larg. 1,39 cm)
Hauterive-Champréveyres NE
HR-CH-10787

24 - os, pointe
(long. 6,49 cm; larg.0,78 cm)
Bercy
238/QS NXVIII.09 C15

25 - os, pointe
(long. 6,17 cm; larg. 0,8 cm)
Hauterive-Champréveyres NE
HR-CH-10622

26 - os, pointe
(long. 5,86 cm; larg.0,58 cm)
Bercy
256/QS NXIV.24 C15

27 - os, pointe
(long. 5,53 cm; larg. 0,59 cm)
Hauterive-Champréveyres NE
HR-CH-10441

28 - bois de cerf, gaine de hache
avec fragment de lame en silex
(long. 9,0 cm; larg. 5,5 cm; épais. 4,0 cm)
Bercy
247

29 - bois de cerf, gaine de hache
(long. 8,91 cm; larg. 3,83 cm)
Auvernier-Tranchée du Gaz NE
AUV-TG-9760

30 - bois de cerf, "casse-tête"
(long. 9,97 cm; larg. 7,95 cm)
Bercy
219

31 - bois de cerf, "casse-tête"
(long. 12,5 cm; larg.8,5 cm)
Auvernier/Brise-Lames NE
AUV-BL-14747

32 - roche verte, ébauche de hache (fragment)
(long. 7,25 cm; larg. 6,22 cm)
Bercy
CAPVAL III CII/82 C3

33 - roche verte, ébauche de hache (fragment)
(long. 7,45 cm; larg. 6,77 cm)
Auvernier-La Saunerie NE
AUV-S-16232

34 - roche verte, hache polie
(long. 6,91 cm; larg. 3,37 cm)
Bercy
QS CXVIII.06 C15

35 - roche verte, hache polie
(long. 6,15 cm; larg. 3,7 cm)
Neuchâtel
G.B. 51

36 - silex, lame brute
(long. 10,95 cm; larg. 2,67 cm)
Neuilly-sur-Marne, lit de la Seine
PR 79

37 - silex, lame retouchée
(long. 8,55 cm; larg. 2,58 cm)
Hauterive-Champréveyres NE
HR-CH-11771

38 - silex, lame brute
(long. 7,14 cm; larg. 2,12 cm)
Bercy
QS MXIV.06 C21

39 - silex, lame retouchée
(long. 7,18 cm; larg. 2,15 cm)
Auvernier-La Saunerie NE
AUV-S-18087

40 - silex, lame brute
(long. 6,65 cm; larg. 1,85 cm)
Bercy
QS KXII.4 C21

41 - silex, lame retouchée
(long. 4,72 cm; larg. 1,91 cm)
Hauterive-Champréveyres NE
Néolithique; HR-CH-14716

42 - silex, éclat retouché avec cortex (racloir)
(long. 4,57 cm; larg.3,57 cm)
Bercy
QS LXX.10 21B

43 - silex, éclat retouché avec cortex (racloir)
(long. 5,66 cm; larg. 3,16 cm)
Auvernier-La Saunerie NE
AUV-S-17957

44 - céramique, jarre
avec empreintes de doigts à l'intérieur
(haut. 16,5 cm; diam. 16,0 cm)
Bercy
1066

45- céramique, jarre
avec empreintes de doigts à l'intérieur
(haut. 19,5 cm; diam. 18,0 cm)
Saint-Blaise/Bains des Dames NE
SB-BD-120450

Vitrine 3 : Paléolithique

46 - silex, biface acheuléen
(long. 12,17 cm; larg. 5,24 cm)
Sablières de Grenelle
Paléolithique inférieur; PR 13

47 - silex, biface acheuléen
(long. 10,33 cm; larg. 6,5 cm)
Esplanade Gare des Invalides, Paris; 1898
Paléolithique inférieur; PR 1431

48 - silex, biface acheuléen
(long. 11,34 cm; larg. 7,2 cm)
Sablières de Clichy; 1881
Paléolithique inférieur; PR 10

49 - silex, biface acheuléen
(long. 16,0 cm; larg. 9,4 cm)
Sablières de Chelles; 1881
Paléolithique inférieur; PR 5

50 - silex, pointe moustérienne
(long. 10,79 cm; larg. 5,46 cm)
Esplanade Gare des Invalides , Paris; 1898
Paléolithique moyen; PR 1432

51 - silex, racloir moustérien
(long. 8,5 cm; larg. 5,68 cm)
Asnières-sur-Seine
Paléolithique moyen; PR 491

52 - silex, racloir moustérien
(long. 13,21 cm; larg. 7,05 cm)
Saint-Ouen
Paléolithique moyen; PR 30

53 - silex, racloir moustérien
(long. 14,79 cm; larg. 9,51 cm)
Levallois-Perret
Paléolithique moyen; PR 20

54 - silex, éclat moustérien
(long. 14,65 cm; larg. 10,48 cm)
Boulogne-Billancourt; 1881
Paléolithique moyen; PR 369

55 - silex, éclat retouché moustérien
(long. 5,69 cm; larg. 4,6 cm)
Neuilly-sur Seine; 1881
Paléolithique moyen; PR 1117

56 - silex, lame moustérienne
(long. 15,2 cm; larg. 5,74 cm)
Créteil
Paléolithique moyen; PR 486

57 - silex, nucléus levallois
(long. 10,7 cm; larg. 10,13 cm)
Sablières de Grenelle
Paléolithique; PR 41

58 - silex, nucléus levallois
(long. 12,1 cm; larg. 8,85 cm)
Levallois-Perret
Paléolithique; PR 1110

Vitrine 4 : Néolithique, arc et flèches

59 - if, arc
(long. 151,0 cm; larg. 3,2 cm)
Bercy
Néolithique moyen, *Chasséen*; CAPVAL III CV 35

60 - silex, pointe de flèche tranchante
(long. 2,0 cm; larg. 1,75cm)
Bercy
Néolithique moyen, *Chasséen*; QS LXX.07 C21A

61 - silex, pointe de flèche tranchante
(long. 3,35 cm; larg. 2,68 cm)
Bercy
Néolithique moyen, *Chasséen*; QS MXIV.4 C21

62 - silex, pointe de flèche tranchante
(long. 1,87 cm; larg. 2,34 cm)
Bercy
Néolithique moyen, *Chasséen*; QS MXV.20 C21

63 - os, pointe de flèche
(long. 6,0 cm; larg. 0,6 cm)
Bercy
Néolithique moyen, *Chasséen*, 398/QS NXX.24 C12c

Vitrine 5 : Néolithique, haches polies

64 - silex, hache polie
(long. 19,0 cm; larg. 5,88 cm)
Port Saint-Bernard, lit de la Seine, Paris
PR 102

65 - silex, hache polie
(long. 19,5 cm; larg. 6,29 cm)
Le Bourget
PR 1252

66 - silex, hache polie
(long. 9,31 cm; larg. 3,79 cm)

Paris, lit de la Seine
PR 104

67 - silex, hachette polie
(long. 10,07 cm; larg. 3,72 cm)
Rue Dante, Paris
PR 1251

68 - silex, hachette polie
(long. 9,32 cm; larg. 3,41 cm)
Pont Saint-Michel, Paris
PR 1250

69 - silex, ébauche de hache
(long. 13,57 cm; larg. 3,93 cm)
Région parisienne
PR 97

70 - silex, ébauche de hache
(long. 21,5 cm; larg. 7,82 cm)
Bercy
CAPVAL III CII.10

71 - silex, hache partiellement polie
(long. 13,73 cm; larg. 4,05 cm)
Région parisienne
PR 96

72 - roche verte, hache polie
(long. 16,0 cm; larg. 5,5 cm)
Paris, lit de la Seine; 1881
PR 110

73 - roche verte, hache polie
(long. 16,0 cm; larg. 5,8 cm)
Paris, lit de la Seine
PR 109

74 - roche verte, hache polie
(long. 9,12 cm; larg. 4,91 cm)
Paris, lit de la Seine
PR 114

75 - roche verte (jadéite), hache polie
(long. 5,0 cm; larg. 3,2 cm)
Paris, lit de la Seine
PR 112

76 - roche verte (diorite), hache polie
(long. 10,81 cm; larg. 5,97 cm)
Paris, lit de la Seine
PR 113

77 - silex, ciseau partiellement poli
(long. 12,16 cm; larg. 2,82 cm)
Paris, lit de la Seine
PR 91

78 - roche verte, hache perforée bipenne
(long. 17,2 cm; larg. 4,5 cm)
Neuilly-sur-Marne, sépulture; 1842
PR 136

Vitrine 6 : Néolithique, objets du quotidien

79 - silex, lame
(long. 12,46 cm; larg. 2,45 cm)

Paris, lit de la Seine
PR 83

80 - silex, lame
(long. 10,1 cm; larg. 2,68 cm)
Bercy
QS LXV.05 C21

81 - silex, lame
(long. 8,78 cm; larg. 3,38 cm)
Bercy
QS LXV.18 C 21

82 - silex, lame
(long. 10,75 cm; larg. 2,58 cm)
Paris, lit de la Seine
PR 88

83 - silex, lame
(long. 7,28 cm; larg. 2,26 cm)
Bercy
QS LXVIII.07 21B

84 - silex, racloir
(long. 10,03 cm; larg. 4,25 cm)
Bercy
QS K.07 21B

85 - silex, grattoir
(long. 2,32 cm; larg. 1,95 cm)
Bercy
QS MXIII.16 C21B

86 - silex, pointe
(long. 5,38 cm; larg. 2,3 cm)
Bercy
QS MXIV.06 C21

87 - silex, bec
(long. 4,89 cm; larg. 3,2 cm)
Bercy
CS KI.20 C21B

88 - bois de cerf, gaine à perforation
(long. 19,0 cm; larg. 5,0 cm; épais. 4,5 cm)
Bercy
220

89 - bois de cerf, gaine à perforation
(long. 15,5 cm; larg. 7,65 cm; épais. 4,46 cm)
Bercy
185

90 - bois de cerf, gaine à tenon droit
(long. 11,8 cm; larg. 7,0 cm)
Bercy
113

91 - os, pointe sur épiphyse
(long. 5,6 cm; larg.1,27 cm)
Bercy
242/QS LXV.05 C21

92 - os, pointe sur épiphyse
(long. 6,3 cm; larg.1,55 cm)
Bercy
260/QS NXIX.24 C15a

93 - os, pointe
(long. 5,44 cm; larg.1,15 cm)
Bercy
265/QS NXIII.23 C15

94 - os, pointe sur épiphyse
(long. 4,37 cm; larg.1,29 cm)
Bercy
269/QS NXIX.19 C15a

95 - os, pointe
(long. 7,85 cm; larg.1,55 cm)
Bercy
355/QS NXIII.04 St.42

96 - os, pointe sur épiphyse
(long. 6,6 cm; larg.1,9 cm)
Bercy
363/QS KII C21b

97 - os, pointe sur épiphyse
(long. 2,65 cm; larg.1,72 cm)
Bercy
405/QS NXIX.13 C15a

98 - os, lissoir
(long. 7,97 cm; larg. 2,18 cm)
Bercy
516

99 - os, lissoir
(long. 17,0 cm; larg. 2,8 cm)
Bercy
218/QS OXIX.21 C15b

100 - os, petite tasse sur tête fémorale
(haut. 4,4 cm; diam. 6,62 cm)
Bercy
297/QS KO 91 C21b

101 - os, objet énigmatique (poignée de portage ?) décoré en ronde bosse
(long. 11,38 cm; larg. 1,64 cm)
Bercy
8/CAPVAL III CIII.31 C1

102 - dent de loup, pendentif perforé
(long. 3,58 cm; larg. 2,59 cm)
Bercy
(sans n°)

103 - schiste, fragment de bracelet
(long. 6,32 cm; larg. 1,25 cm)
Bercy
Q5 MXIV C22

104 - coquillage, pecten
(long. 7,33 cm; larg. 7,24 cm)
Bercy
KVIII 21B

Vitrine 7 : Néolithique, figurines féminines

105 - terre cuite, figurine féminine
(haut. 9,83 cm; larg.6,32 cm; épais. 1,46 cm)
Bercy
1045 J III 8

106 - terre cuite, tête de figurine féminine
(long. 5,5 cm; larg. 3,55 cm)
Bercy
1052/QS LXIV.05 C21

107 - terre cuite, tête de figurine féminine
(long. 3,7 cm; larg. 3,42 cm)
Bercy
1061/QS LXII.21 C21

108 - terre cuite, tête de figurine féminine
(long. 2,77 cm; larg. 2,4 cm)
Bercy
1055/QS NX.VIII.15 C15a

109 - terre cuite, tête de figurine féminine
(long. 2,9 cm; larg. 2,4 cm)
Bercy
1054/CAPV III CV.B3 C2

Vitrine 8 : Néolithique, céramiques

110 - céramique, écuelle ornée
de chevrons hachurés
(long. 18,0 cm; larg. 13,0 cm)
Bercy
Roessen; 99

111 - céramique, écuelle ornée
d'impressions poinçonnées
(long. 16,5 cm; larg. 16,0 cm; diam. col 28,0 cm)
Bercy
Cerny; CAPVAL III CV.35.36 C2

112 - céramique, fond de pot avec
empreinte de vannerie
(long. 11,74 cm; larg. 6,8 cm)
Bercy
689/QS LXI.17 C21

113 - céramique, coupe à socle ornée
de chevrons incisés
(larg. env. 15,0 cm; haut. 11,5 cm)
Bercy
Chasséen; 1091

114 - céramique, fragment de coupe à socle
ornée de lignes incisées en damier
(long. 9,0 cm; larg. 5,3 cm; haut. 5,8 cm)
Bercy
Chasséen; 1096

115 - céramique, fragment de coupe à socle
ornée de lignes incisées en damier
(long. 8,0 cm; larg. 4,0 cm; haut. 5,5 cm)
Bercy
Chasséen; 1095

116 - céramique, écuelle carénée
(haut. 1,5 cm; diam. 22,5 cm)
Bercy
Chasséen; 202

117 - céramique, écuelle carénée
(haut. 9,5 cm; diam. 16,5 cm)
Bercy
Chasséen; 36/CAPVAL III BIII.59 C1

118 - céramique, godet
(haut. 5,6 cm; diam. 4,35 cm)
Bercy
Chasséen; 1097/QS LXVII.07 C21

119 - céramique, bouteille
(haut. 17,0 cm; diam. panse 16,5 cm)
Bercy
Roessen; 130/QS JIII 21b

120 - céramique, écuelle carénée
(haut. 13,5 cm; diam. 20,5 cm)
Bercy
Chasséen; 779

121 - céramique, bouteille
(haut. 27,0 cm; diam. panse 22,5 cm)
Bercy
Chasséen; 237/QS KVII.19 C21b

122 - céramique, bol
(haut. 10,5 cm; diam. 15,5 cm)
Bercy
Chasséen; 7/QS KVI.10 C21b

123 - céramique, pot
(haut. 10,5 cm; diam. 13,0 cm)
Bercy
Chasséen; 6

Vitrine 9 : Age du Bronze, haches

124 - bronze, hache à rebords
(long. 14,95 cm; larg. lame 4,68 cm)
Paris
Bronze ancien; PR 152

125 - bronze, hache à talon
(long. 16,0 cm; larg. lame 6,4 cm)
Paris, lit de la Seine
Bronze moyen; PR 156

126 - bronze, hache à ailerons terminaux
(long. 12,87 cm; larg. lame 3,71 cm)
Paris
Bronze final; PR 164

127 - bronze, hache à douille
(long. 13,82 cm; larg. lame 3,54 cm)
Paris
Bronze final; PR 167

128 - bronze, hachette votive
(long. 4,77 cm; larg. lame 1,32 cm)
Paris, lit de la Seine
Bronze final; PR 175

Vitrine 10 : Age du Bronze, armes et parures

129 - bronze, parure (lunule)
(long. 14,06 cm; larg.1,74 cm)
Villeneuve-le-Roi; 1864
Bronze final; PR 190

130 - bronze, lame d'épée
(long. 67,5 cm; larg. lame 3,45 cm)
Paris
Bronze final; PR 1423

131 - bronze, lame d'épée
(long. 53,5 cm; larg. lame 2,65 cm)
Paris, lit de la Seine
Bronze final; PR 177

132 - bronze, pointe de lance
(long. 52,7 cm; larg.5,91 cm)
Paris
Bronze final; PR 208

Vitrine 11 : Age du Fer, objets du quotidien

133 - bronze, fibule
(long. 4,98 cm; larg.2,1 cm)
Rue des Carmes, Paris; 1895
Hallstatt; PR 232

134 - bronze, fibule
(long. 7,65 cm; larg.2,6 cm)
125, boulevard de Port-Royal, Paris; 1884
Hallstatt; PR 235

135 - bronze, anneau
(larg. 9,93 cm; épais. 1,34 cm)
Rue Pierre-Nicole, Paris; 1882
Hallstatt; PR 219

136 - fer, pointe de lance
(long. 17,2 cm; larg. 4,16 cm)
Paris
La Tène; PR 1417

137 - fer, hache à douille
(long. 15,2 cm; larg. lame 4,66 cm)
Paris, lit de la Seine; dragages 1860-1874
PR 1421

Vitrine 12 : Age du Fer, monnaie

138 - or, monnaie
(statère de la tribu des Parisii)
(diam. 20,0 mm; poids 7,21 gr.)
Paris
La Tène, vers 80-70 av. J.-C.; (sans n°)

Pierres monumentales de l'époque romaine

139 - calcaire, élément d'architecture
(trophée d'armes)
(larg. 133,0 cm; haut. 57,0 cm; épais. 50,0 cm)
Caserne de la Cité, ancienne rue de la Calandre, Paris; 1863
1e siècle (sans n°)

140 - calcaire, bas-relief (scène de négoce)
(larg. 123,0 cm; haut. 40,0 cm; épais. 33,0 cm)
Tribunal de Commerce, île de la Cité, Paris; 1908
Haut-Empire; AP 58

141 - marbre, fût et base de colonne
(haut. 130,0 cm; diam. base 45,0 cm)
Hôtel-Dieu, Paris, 1867
5e siècle; (sans n°)

Vitrine 13 : Époque romaine, visages

142 - marbre, tête d'homme barbu
(haut. 23,0 cm; larg. 18,0 cm)
Égout, rue Pierre-Sarrazin, Paris; 1896
fin 2e siècle; AP 79

143 - plâtre, masque mortuaire d'enfant
(haut. 10,5 cm; larg. 9,0 cm)
Rue Pierre-Nicole, Paris
3e siècle; AP 870

144 - enduit peint, tête masculine
(haut. 15,0 cm; larg. 16,0 cm)
12, rue de l'Abbé-de-l'Epée, Paris; 1986
2e-3e siècle

Vitrine 14 : Epoque romaine, statuettes en bronze

145 - bronze, Mercure
(haut. 9,36 cm)
Rue Cujas, Paris; 1895
AM 1/130

146 - bronze, Mercure
(haut. 11,0 cm)
Paris, lit de la Seine
AM 748

147 - bronze, jeune homme
(haut. 10,1 cm)
Rue du Fouarre, Paris; 1879
AM 1/131

148 - bronze, Hercule
(haut. 10,68 cm)
Rue Pierre-Nicole, Paris; 1882
Haut-Empire; AM 1/133

149 - bronze, Jupiter
(haut. 15,5 cm)
Paris, lit de la Seine
Haut-Empire; AM 700

150 - bronze, lionne
(haut. 5,7 cm)
2, rue Valette, Paris; 1889
AM 1/158

151 - bronze, poignée de bassin :
deux lions dévorant une antilope
(larg. 17,0 cm; haut. 11,0 cm)
Rue Domat, Paris; 1864
AM 318

Vitrine 15 : Epoque romaine, verres et tabletterie

152 - verre soufflé, balsamaire
(haut. 12,6 cm; diam. panse 7,61 cm)
Paris
AV 86/52

153 - verre soufflé, balsamaire
(haut. 12,7 cm; diam. panse 6,3 cm)
Paris
AV 2001/54

154 - verre soufflé, balsamaire
(haut. 15,5 cm; diam. panse 8,5 cm)
Paris
AV 1/39-60

155 - verre soufflé, balsamaire
(haut. 9,44 cm; diam. panse 4,23 cm)
Paris
AV 1/67-82

156 - verre soufflé, balsamaire
(haut. 5,7 cm; diam. panse 3,22 cm)
Paris
AV 133c/95

157 - verre soufflé, balsamaire
(haut. 9,75 cm; diam. panse 6,34 cm)
Paris
AV 1/74/101

158 - verre soufflé, gobelet
(haut. 7,8 cm; diam. panse 7,31 cm)
Paris
AV 74/117

159 - verre soufflé, balsamaire
(haut. 9,93 cm; diam. panse 5,27 cm)
Paris
AV 94a/5015

160 - verre soufflé, balsamaire
(haut. 10,85 cm; diam. panse 7,07 cm)
Paris
AV 82/33

161 - os, étui de peigne
(long. 10,94 cm; larg. 4,15 cm)
Paris
AY 90/1

162 - os, épingle
(long. 7,88 cm; diam. tête 0,47 cm)
Hôtel-Dieu, Paris; 1867
AY 46-4

163 - os, épingle
(long. 8,28 cm; diam. tête 0,45 cm)
Hôtel-Dieu, Paris; 1867
AY 42/3

164 - os, épingle
(long. 9,19 cm; diam. tête 0,51 cm)
Paris
AY 92/3

165 - os, épingle
(long. 10,55 cm; diam. tête 0,46 cm)
Paris
AY 92/4

166 - os, épingle
(long. 12,8 cm; diam. tête 0,41 cm)
Paris
YE 39

167 - os, épingle
(long. 11,64 cm; diam. tête 0,51 cm)
Paris
YE 41

168 - os, petite cuillère
(long. 9,58 cm; larg. 2.05 cm)
Paris
AY 265

Vitrine 16 : Epoque romaine, chenêt

169 - terre cuite, chenêt
(haut. 38,5 cm; larg. 15,5 cm; épais. 17,0 cm)
Parvis de Notre-Dame, Paris
AC 1159

**Vitrine 17 : Haut Moyen Age
plaque-boucle de ceinture mérovingienne**

170 - fer argent et bronze, plaque-boucle et contre-plaque de ceinture damasquinée
(long. 42.5 cm; larg. 10,01 cm)
St-Germain-des-Prés, Paris
Vers 700; AM 412

Vitrine 18 : Haut Moyen Age, orfèvrerie mérovingienne

171 - bronze doré et verroterie rouge,
plaque-boucle de ceinture à décor cloisonné
(long. 3,38 cm; larg. 2,7 cm)
Paris
début 6e siècle; AM 520/AM 913

172 - argent doré, épingle
(long. 6,72 cm; diam. tête 1,05 cm)
Ste-Geneviève, rue Clovis, Paris
AM 822

173 - fer, fibule zoomorphe
(long. 3,83 cm; larg. 2,94 cm)
Paris
AM 810

174 - os, peigne
(long. 6,4 cm; larg. 7,1 cm)
Paris
AY 104

175 - bronze, rouelle
(triskèle formant trois têtes de monstres)
(diam. 4,62 cm)
Paris
AM 773

176 - or et bronze, fibule (feuille d'or martelée)
(larg. 3,25 cm; épais. 0,75 cm)
St-Germain-des-Prés, Paris
AM 914/AM 304

Panneau de sarcophage du Haut Moyen Age

177 - plâtre, panneau décoré
d'une croix et de deux colombes
(long. 71,0 cm; haut. 44,0 cm; épais. 8,0 cm)
St-Germain-des-Prés, Paris; 1876
AP 104/S 159 NN

Maquettes

178 -arènes de Lutèce (théâtre-amphithéâtre)
échelle 1:200
(Laurent Renou, Paris)

179 -village néolithique de Bercy
échelle 1:160
(Nicola Mossakowski, Bousval, Belgique)

" Aux origines de Paris "

La réalisation d'une exposition consacrée aux origines de Paris, à Neuchâtel de surcroît, est un événement, une première hors de la capitale : 160 objets originaux de la Préhistoire, de la Protohistoire, de l'Antiquité et du début du Moyen Age ont été prêtés au Laténium, à titre exceptionnel, par le Musée Carnavalet (Musée de l'Histoire de Paris). Ces précieux témoins archéologiques, présentés et mis en scène par l'équipe du Laténium, racontent les origines d'une capitale, des premiers bifaces paléolithiques à l'avènement de Clovis.

Le Musée Carnavalet à Paris dispose d'une seule salle d'exposition pour ses collections archéologiques, mais il abrite dans ses caves quelque 16'000 pièces de grande valeur. Le Laténium a ainsi pu emprunter une collection d'une grande valeur dont une partie, résultat des fouilles des années 1990 et acquisitions récentes, n'a jamais été présentée au public.

L'exposition retrace les grandes étapes qui ont précédé la naissance de la capitale élue par Clovis, roi des Francs, en 508.

Des chasseurs ont traversé ce territoire et y ont établi des campements depuis le Paléolithique ancien, c'est-à-dire il y a 400'000 ans au moins. Les plus anciens vestiges d'architecture sont des fondations de maisons néolithiques, vieilles de 5'700 ans, retrouvées à Bercy dans les années 1990. Depuis lors, les villages, puis les villes se sont succédé, agrandis, pour aboutir à l'agglomération d'aujourd'hui.

Les premiers occupants de Paris se sont établis, dès le Néolithique, dans une plaine d'alluvions de la Seine, bordée de collines et de plateaux (Ménilmontant, Montmartre, butte Sainte-Geneviève…). Le fleuve permettait la navigation ; les îles de la Cité et de Saint-Louis facilitaient le passage d'une rive à l'autre ; les hauteurs aidaient à la défense ; les terres fertiles assuraient l'alimentation des habitants. C'est donc avant tout la Seine, de par son rôle économique et stratégique, qui fut le fil conducteur, la veine nourricière de la ville.

" Die Anfänge von Paris "

Eine Ausstellung über die Entstehung von Paris zumal in Neuchâtel zu organisieren, ist ein besonderes Ereignis. Zum ersten Mal findet eine solche Veranstaltung ausserhalb der Hauptstadt statt : 160 Originalobjekte aus der Ur- und Frühgeschichte, sowie aus der Antike und dem Beginn des Mittelalters wurden dem Laténium vom Musée Carnavalet (dem Museum der Geschichte von Paris) ausnahmsweise ausgeliehen. Diese kostbaren archäologischen Zeugen, vorgestellt und inszeniert von dem Museumsteam des Laténiums, beschreiben die Entstehung einer Hauptstadt, von den ersten altsteinzeitlichen Faustkeilen bis zur Thronbesteigung von Clovis.

Im Musée Carnavalet in Paris sind die archäologischen Funde nur in einem einzigen Raum ausgestellt, in seinen Depots sind jedoch über 16'000 sehr kostbare Objekte gelagert. Das Laténium konnte sich wertvolle Stücke ausleihen; einige davon sind erst in den neunziger Jahren ausgegraben worden und wurden noch nie öffentlich gezeigt.

Die Austellung schildert die wichtigen Abschnitte vor der Entstehung der Hauptstadt, die von dem fränkischen König Clovis im Jahre 508 erwählt wurde.

Seit dem Altpaläolithikum, also schon vor mindestens 400'000 Jahren, haben Jäger dieses Gebiet besiedelt und dort ihre Lagerplätze errichtet. Die ältesten Gebäudereste sind Häusergrundmauern aus dem Neolithikum, die 5'700 Jahre alt sind und in den neunziger Jahren in Bercy gefunden wurden. Auf diese folgten Dörfer und später Städte, die immer grösser wurden, bis sie schliesslich die Stadt von heute bildeten.

Die ersten Bewohner von Paris errichteten ihre Siedlungen seit dem Neolithikum auf einer Schwemmebene der Seine, umgeben von Hügeln und Hochflächen (Ménilmontant, Montmartre, butte Sainte-Geneviève...). Der Fluss konnte mit Schiffen befahren werden; die Inseln von La Cité und Saint-Louis erleichterten den Übergang von einem Ufer zu dem anderen; die höher liegenden Plätze ermöglichten eine gute Verteidigung und dank der fruchtbaren Böden konnte die Bevölkerung problemlos ernährt werden. Es ist also hauptsächlich die Seine und ihre wirtschaftliche und strategische Rolle, die die Leitlinie und die Ernährungsader dieser Stadt ausmachte. Ausser den Fundstücken sind auch noch Originalaquarelle von französischen und belgischen Künstlern zu sehen sowie zwei Modelle, die das Leben in Paris während des Neolithikums und der Römerzeit erläutern, dazu ein Videofilm, der eigens für diese Ausstellung angefertigt wurde.

Übersetzung : Ingela Geith

" Alle origini di Parigi "

Un'esposizione dedicata alle origini di Parigi, realizzata per di più a Neuchâtel, è un avvenimento, una prima fuori dalla capitale: 160 reperti risalenti alla Preistoria, alla Protostoria, all'Antichità e all'inizio del Medioevo sono stati eccezionalmente prestati al Laténium dal Museo Carnavalet (Museo della storia di Parigi). Queste preziose testimonianze archeologiche, presentate per l'occasione dai collaboratori del Laténium, raccontano le origini di una capitale: dai primi utensili litici paleolitici all'avvento di Clodoveo.

Il Museo Carnavalet di Parigi dispone di una sola sala d'esposizione per le collezioni archeologiche ma le sue cantine nascondono un tesoro di 16'000 oggetti di pregio. Il Laténium ha, per l'occasione, potuto rovistare reperti di grande valore provenienti in parte anche dagli scavi degli anni novanta e da recenti acquisizioni: alcuni di questi oggetti vengono presentati al pubblico per la prima volta.

L'esposizione ripercorre le grandi tappe che hanno preceduto la nascita della capitale voluta, nel 508, da Clodoveo re di Francia.

La regione fu attraversata da cacciatori che vi insediarono i loro accampamenti già nel Paleolitico inferiore, ossia almeno 400'000 anni fa. Le più antiche vestigia architettoniche sono costituite da fondamenta di abitazioni neolitiche, vecchie di 5'700 anni, ritrovate negli anni Novanta a Bercy. Da allora villaggi, poi città, si sono susseguite, ampliandosi sino a giungere all'agglomerato odierno. I primi abitanti di Parigi si sono stabiliti, a partire dal Neolitico, sulla pianura alluvionale della Senna, circondata da colline e altipiani (Ménilmontant, Montmartre, la collina di Sainte-Geneviève...). Il fiume permetteva la navigazione mentre le isole della Cité e di Saint-Louis facilitavano il passaggio da una sponda all'altra; le alture agevolavano la difesa e le terre fertili assicuravano il sostentamento della popolazione. Fu dunque la Senna, con il suo ruolo economico e strategico, a fare da filo conduttore e da linfa vitale allo sviluppo di questa città.

Gli oggetti esposti sono accompagnati da acquarelli originali eseguiti da artisti francesi e belgi, e da due plastici che rievocano la vita a Parigi durante il Neolitico e l'epoca romana. Per l'esposizione è stato inoltre realizzato un filmato.

Traduzione : Chiara Vaccaro

" The Origins of Paris "

The organisation of an exhibition in Neuchâtel on the origin of Paris, the first ever held outside the city, is a special event. The loan to the Laténium by the Carnavalet Museum (Paris History Museum) consists of 160 objects presented and arranged by the Laténium staff. These precious archaeological artefacts illustrate the story of a capital from its beginning, with the first Palaeolithic handaxes, to the reign of Clovis.

Part of the archaeological collection of the Carnavalet Museum is displayed in Paris in a single exhibition hall; 16 000 remaining objects of great value are kept in the museum stores. The Laténium negotiated the permission to borrow, from this den of Ali Baba, a remarkable collection of material discovered in excavations carried out during the nineteen nineties or recently purchased. Some of the objects are shown to the public for the first time.

The exhibition covers the successive periods which preceded the birth of the town chosen by Clovis, king of the Franks, to become his capital in 508.

Hunters travelled through the area and set up camps since the early Palaeolithic, at least 400 000 years ago. The oldest architectural remains are surviving foundations of Neolithic houses, 5'700 years old, discovered at Bercy in the nineties. Since then, villages and towns succeeded one after the other, giving rise to today's metropolis.

The first inhabitants of Paris settled as from the Neolithic on an alluvial plain of the Seine River surrounded by hills and plateaus (Ménilmontant, Montmartre, Sainte-Geneviève...). The river allowed navigation and the islands (île de la Cité and île Saint-Louis) made bank-to-bank crossing easy; the hills presented natural defences and fertile land provided food sources to the inhabitants. The Seine River played an important economic and strategic role giving life to the area and sustaining its growth.

The displayed objects are accompanied by original watercolours by French and Belgian artists as well as two small-scale reconstructions recreating the way of life in Paris during the Neolithic and Roman periods. An exclusive video film is also available.

Translation : Dominique Bliss-Robert

" Het ontstaan van Parijs "

Het Laténium in Neuchâtel is er in geslaagd om een zeer bijzondere tentoonstelling te organiseren over het ontstaan van Parijs. Het Musée Carnavalet (historische museum van Parijs) leent slechts bij hoge uitzondering iets uit hun collectie uit. Dat het Laténium zo'n 160 voorwerpen uit de Prehistorie, de Protohistorie, de Oudheid en uit het begin van de Middeleeuwen mocht lenen is dan ook een buitengewone gebeurtenis. Het team van het Laténium heeft met behulp van deze kostbare archeologische getuigen een expositie samengesteld, die het verhaal over het ontstaan van de hoofdstad verteld. Het begint met de eerste bewerkte gereedschappen uit het Paleolithicum en gaat door tot aan de komst van Clovis.

Het Musée Carnavalet in Parijs beschikt over slechts één expositiezaal voor de hele archeologische verzameling. In zijn kelders herbergt zo'n 16 000 uiterst waardevolle voorwerpen. Uit deze schatkamer, die ons doet denken aan de grotten van Ali Baba, heeft het Laténium een fantastische collectie kunnen lenen. Een gedeelte van de geëxposeerde voorwerpen is zelfs nog niet eerder aan het publiek getoond.

De tentoonstelling beschrijft de grote mijlpalen, die zijn voorafgegaan, aan het moment waarop Clovis, koning der Franken, in 508 de stad tot zijn hoofdstad maakte. Jagers hebben het gebied doorkruist en er sinds het oude Paleolithicum hun kampementen opgeslagen, dat wil zeggen op z'n minst zo'n 400 000 jaar geleden. De oudste bouwkundige sporen zijn funderingen van neolithische huizen. Deze zijn teruggevonden in Bercy in de negentiger jaren en zijn zo'n 5700 jaar oud. Dorpen werden steden, deze groeiden uit, om tenslotte de huidige agglomeratie te vormen.

De eerste bewoners van Parijs vestigden zich vanaf het Neolithicum op een alluviale vlakte aan de Seine, omgeven door heuvels en hoger gelegen vlaktes (Ménilmontant, Montmartre, de heuvel van Sainte-Geneviève…). De rivier was bevaarbaar en het Ile de la Cité en het Ile Saint-Louis maakten de oversteek van de ene naar de andere oever mogelijk. De hoger gelegen gebieden hielpen bij de verdediging, de vruchtbare grond verzekerde de bewoners van voedsel. Het is dan ook vooral de Seine, die door zijn economische en strategische rol, de leidende factor en voedingsbron van de stad is geweest.

Originele aquarellen van Franse en Belgische artiesten, aangevuld met twee maquettes, geven ons een goed beeld van het leven in Parijs in het Neolithicum en in de Romeinse tijd. Bovendien is er een speciaal voor deze tentoonstelling gemaakte video.

Vertaling : Nico Koper

Repères chronologiques et culturels (Paris et environs)

	Périodes	Cultures	Dates	Populations
Ecriture - Histoire ...	Haut Moyen Age		476 - 751	Mérovingiens
	Epoque romaine	Bas Empire	250 - 476	
		Haut Empire	52 av. J.-C. - 250 ap. J.-C.	Gallo-Romains
	2ᵉ âge du Fer	La Tène	450 - 52 av. J.-C.	
	1ᵉʳ âge du Fer	Hallstatt	800 - 450	
Métaux				Celtes
	Bronze final		1200 - 800	
	Bronze moyen		1'600 - 1'200	
	Bronze ancien		2'000 - 1'600	
	Chalcolithique	Campaniforme	2'500 - 2'000	
Agriculture	Néolithique final	Gord	2'800 - 2'500	
		Seine-Oise-Marne	3'400 - 2'800	
		Chasséen	4'200 - 3'400	
		Rössen	4'400 - 4'200	
	Néolithique moyen	Cerny	4'700 - 4'400	
	Néolithique ancien	Villeneuve-St. Germain	4'900 - 4'700	
		Montmorencien		
	Mésolithique	Tardenoisien	6'000 - 8'000	
		Sauveterrien		
Chasse-cueillette	Epipaléolithique	Azilien		
	Paléolithique supérieur	Magdalénien	16'000 - 10'000	Cro-Magnon
	Paléolithique moyen	Moustérien	120'000 - 40'000	Néandertal
	Paléolithique ancien	Acheuléen	500'000 - 120'000	Homo erectus